検証・関西生コン事件②

産業別労組の団体行動の正当性

大阪スト事件控訴審判決と加茂生コン事件逆転無罪判決を検証する

編者―連帯ユニオン
著者―吉田美喜夫（立命館大学名誉教授）
古川陽二（大東文化大学名誉教授）
榊原嘉明（名古屋経済大学教授）
松宮孝明（立命館大学特任教授）

六年目の転機、無罪判決二件が確定——刊行にあたって

全日本建設運輸連帯労働組合書記長
小谷野毅

破たんする組合つぶしの構図

二〇二三年三月、六年目に入った「関西生コン事件」に転機が訪れました。この月、三件たてつづけに出された判決のうち、大阪高裁で二件の無罪判決が出され、いずれについても検察が上告を断念したことで、この無罪判決が二件とも確定したからです。「検証・関西生コン事件」第2巻の内容紹介に先立って、まずこれら三件の判決のあらましと意義を紹介しておきます。

一件目は、和歌山広域協組事件控訴審の逆転無罪判決。事件は二〇一七年八月、和歌山広域協組という生コン業者団体の代表者が元暴力団員らを組合事務所周辺に差し向けて威嚇したことについて、関生支部が面談予約をとったうえで同協組事務所を訪れ、代表者に釈明と謝罪を求めた行為と街宣活動が強要未遂と威力業務妨害とされたものです。元暴力団員を使って団結権を脅かした側が「被害者」として振る舞い、それを警察・検察が事件化して二年後の二〇一九年八月、組合役員三名を逮捕、起訴したという、一連の刑事事件のなかでもきわめつけにおかしな話です。一審和歌山地裁（松井修裁判長）が二〇二二年三月、

全員に執行猶予付の有罪判決を出したことから、組合側が控訴していました。これに対し、二〇二三年三月六日、大阪高裁（第一刑事部和田真裁判長）は、原判決を破棄し、三名全員に無罪を言い渡したのです。そして、同月二二日、検察が上告を断念してこの逆転無罪判決が確定したことが確認されたものです。

二件目は、武・前委員長事件の控訴審判決。三つの事件を併合したこの裁判では、二〇二一年七月、大阪地裁（第一一刑事部佐藤卓生裁判長）が、大阪スト事件とフジタ事件については有罪としたものの、タイヨー生コン事件については無罪とする一審判決を出していました。二〇二三年三月一三日、大阪高裁（第二刑事部長井秀典裁判長）が検察と前委員長の双方の控訴を棄却したことから一審無罪判決は維持され、しかも検察が上告しなかったことでこの無罪判決も確定しました。

「関西生コン事件」では、滋賀、大阪、京都、和歌山の四府県警が刑事事件化した組合活動数は一三件で、八つの刑事裁判として審理されてきました（次頁の表参照）。そのうち、大阪高裁（第六刑事部村山浩昭裁判長）が二〇二一年一二月に加茂生コン事件控訴審で出した逆転無罪判決を加えれば、無罪判決はこれで三件です（ただし、加茂生コン事件については検察と組合の双方が上告中）。有罪率九九・九パーセントの日本において一三件のうち三件が無罪判決という数字はなにを物語るのか。生コン業界と警察・検察が仕組んだ組合つぶしの構図の破たんがはじまったといって過言ではありません。

しかし、手放しで喜べる局面ではないことも事実です。三件目はコンプライアンス事件の一審判決で、二〇二三年三月二日、大津地裁（刑事部畑山靖裁判長）は、湯川裕司委員長に対し懲役四年の実刑、五名の組合役員や元組合員には懲役三年〜一年、執行猶予五年〜三年という信じがたい重罰判決を出したからです。しかも、畑山裁判長は判決理由から読み上げはじめて主文を最後に言い渡すという、通常は殺人事

「関西生コン事件」刑事裁判の現状

●＝有罪、○＝無罪

	事件（組合員）	事件内容（罪名）	一審	控訴審	上告審
1	大阪ストライキ1次事件（七牟礼副委員長ほか6名）	ストライキの「現場組」（威力業務妨害）	●	●	●
2	大阪ストライキ2次事件（西山執行委員ほか1名）	ストライキの「指示役」（威力業務妨害）	●	●	●
3	武・前委員長3事件併合	①大阪スト事件（威力業務妨害） ②フジタ事件（恐喝未遂） ③タイヨー生コン事件（恐喝）	①、②● ③○	①、②● ③○ →③は確定	①②上告中
4	加茂生コン第1事件（安井執行委員ほか1名）	（強要未遂）	2名とも●	1名○ 1名● （罰金に減刑）	双方上告中
5	和歌山広域協組事件（武谷書記次長ほか2名）	（強要未遂・威力業務妨害）	●	○ →確定	／
6	コンプライアンス第1事件（湯川委員長ほか5名）	①フジタ事件（恐喝未遂） ②セキスイハイム近畿事件（威力業務妨害） ③日本建設事件（威力業務妨害） ④東横イン電建事件（威力業務妨害） ⑤タイヨー生コン事件（恐喝、湯川のみ）	● →即日控訴		
7	コンプライアンス第2事件	フジタ事件（ビラまき組、威力業務妨害）	組合側立証中 230901論告 231023弁論		
8	京都事件	①加茂生コン第2事件（恐喝未遂） ②近畿生コン事件（恐喝） ③ベスト・ライナー事件（恐喝）	検察側立証終了 年明けから組合側立証に		

件などの重大犯罪で用いられるやり方をとりました。

和歌山事件大阪高裁判決の意義

このような天と地ほどの司法判断の落差が生じてくる原因は、第一には、関生支部の活動を労働組合の活動としてとらえ、その目的、手段、態様に真摯に向き合って判断したのかどうか、第二には、産業別労働組合に対する労働基本権保障について正しく理解したうえで判断したのかどうかにあると私は考えます。

第一の点についていえば、和歌山広域協組事件の大阪高裁判決は、労働組合活動の正当性判断はかくあるべしとの模範が示されている感があります。やや長くなりますが、主な論旨を以下に引用します。

「本件は、広域協による関生支部の調査を発端として発生した事件であり、被告人らの言動を正しく評価するには、被告人らと代表者の関係性等を理解することが重要」であるが、「原判決が①被告人らの行為が、強要未遂罪及び威力業務妨害罪の各構成要件に該当するとして前提とした事実関係は、事実経過の一部だけを恣意的に取り上げた偏ったもので、事実の誤認があり、上記各構成要件該当性を認めることには疑問が残り、②正当行為性を否定した点も、本件に至った経緯に照らせば、被告人らにおいて、代表者に対し、関生支部の団結権を守るために相応の行動を採ることは許容される余地があると思われるのに、経緯に関する事実認定を誤る等して、正当行為性を否定したもので、許容できない。」

そして、構成要件該当性を否定する理由を高裁判決はこう説明しています。

「原判決の判断は、㋐元暴力団員による関生支部への調査の不当性を明らかに過小評価するとともに、これに対する代表者の関与は否定し難く、被告人らにおいて、代表者の関与を確信するにも無理からぬ状況にあったのに、信用性に疑問がある元組合員の証言が信用できるとして、これに依拠して本件の発端となった事実関係の認定を誤っている点、㋑……被告人らが、いきり立ち行った一部の発言等を、その原因から切り離して取り上げ、強要未遂罪や威力業務妨害罪の各構成要件該当性を認めた点で、著しく不合理なものといわざるを得ない。」

ただし、と高裁判決は事務所外での街宣活動については、「代表者の名誉を毀損する……行き過ぎであることは否定できず、手段の相当性が問題になる余地があると思われるため、正当行為性に関する論旨についても検討することにする。」として、違法性阻却についての判断に移ります。

そこでは、第二の問題点である産業別労働組合の活動に対する憲法二八条労働基本権保障についての明快な判断が示されます。この点についてもかなり長くなりますが、そのまま引用して紹介します。

「原判決は、関生支部事務所の調査について、関生支部として、代表者に事実確認を行い、事実であれば再発防止を求める交渉を行うという目的自体は正当ではあるが、関生支部の組合員の中に代表者又は広域協に雇用されている者がいないとして、その目的を達成する手段として許容される行為には相応の限界があると説示する。

しかし、これは、労働組合の団結権保障の趣旨や、関生支部が産業別労働組合であることを正解しない不合理な認定判断といわざるを得ない。

原判決が前記説示した根拠は必ずしも明らかではないが、憲法二八条の団結権等の保障は、労働関係の当事者に当たることが前提で、労組法一条二項の刑事免責も、同様の前提を必要とするところ、被告人らと代表者との間には、このような関係が存在しないとの考えによるものと推察される（検察官も同旨の主張をしているものと解される。）。

しかしながら、産業別労働組合である関生支部は、業界企業の経営者・使用者あるいはその団体と、労働関係上の当事者に当たるというべきだから、憲法二八条の団結権等の保障を受け、これを守るための正当な行為は、違法性が阻却されると解すべきである。

そして、「被告人らの代表者に対する本件抗議の態様等は、確かに、代表者の名誉を毀損する街宣活動といった若干行き過ぎといえる部分を含むものとはいえ、暴力を伴うものではない。被告人らの行為が社会的相当性を明らかに逸脱するとまではいい難く、労組法一条二項の適用又は類推適用により正当行為として違法性が阻却される合理的な疑いが残るといわざるを得ない。」

この判断が確定判決となった意義は画期的だといえるのではないでしょうか。

弁護団は控訴審において、世界の労働組合は産業別労働組合として生成発展し、日本でも戦前は職業別または産業別労働組合として発展したこと、戦後の憲法制定過程をふりかえれば草案起草者らの念頭におかれていたのは世界の趨勢の産業別労働組合であったこと、したがって憲法二八条が本来的に保障するのは企業別労働組合ではなく産業別労働組合であるというべきであること、さらに、政府と資本が暴力組織を使って労働組合破壊を戦前からくりかえしてきたことを詳細に論証しました。その主張に真摯に向き合ってこの判決は書かれたのだと思います。

「有罪ありき」で企業の不正を助長する大津地裁判決

この和歌山事件大阪高裁判決と対照的なのがコンプライアンス事件大津地裁判決です。

関生支部がとりくんできたコンプライアンス活動は、建設現場の労働者の安全と健康、労働者の労働条件低下を招く生コンの安売り規制、そして消費者の安心と安全を守るための生コンの品質確保を目的とする産業政策運動です。具体的には、組合員二～三人がチームを組んで建設現場や生コン工場をパトロールして、労働安全衛生法、道路交通法、公害防止関連法などの法令違反を見つけた場合、工事現場の責任者にその事実を指摘するとともに、自治体や交通警察に通報し、臨場して事業者に是正指導するよう申し入れてきました。

このような産業別労働組合によるコンプライアンス活動は、国際労働運動では、海員、港湾、建設などの分野において、業界全体を対象に法令遵守と労働条件の向上を目的としてとりくまれる基本的な日常活動です。しかも、関生支部のコンプライアンス活動については、事業者が申し立てた差止仮処分裁判において、組合の活動は社会通念上相当として大阪地裁が事業者の申立を却下する決定を出し、この決定に対する事業主の抗告を棄却する決定を大阪高裁が出していました（星山建設業務妨害禁止仮処分申立事件・大阪地決平二六・一一・二八、大阪高決平二七・五・一四）。

ところが、滋賀県警と大津地検は、このコンプライアンス活動を企業に対して「軽微な不備に因縁を付け」る反社会勢力のいやがらせであるかのように描き出すストーリーで事件化したのでした。大津地裁の判決は、その筋書きに沿って組合員のひとつひとつの行為をいかに構成要件に当てはめるかに腐心するばかりで、法令違反の事実を指摘するビラの作成や配布を企業に対する「攻撃」などとまで表現しました。コンプライアンス活動を労働組合の活動として評価するという姿勢や知見が欠落しているというほかありません。

大津地裁判決はまた、コンプライアンス活動は「その（指摘の）中の一部にそれ自体としては正当な指摘があったとしても」、即座に是正しなければならないものではなかった、社会常識に照らせば軽微な違反だったのに、「業務の円滑な遂行を妨げる」ものだったと決めつけました。しかし、指摘したのが軽微なものだったというのがそもそも事実に反しています。指摘した事実のなかには、安全帯を着用せずに高所作業をさせていた、クレーンの吊り荷の下で作業させていた、クレーン車のアウトリガーを全張り出しせず横転事故を招く危険があった、ダンプカーのタイヤにスリップサインが出ていて交通事故を招く危険があったなど、労働者と市民の生命と安全に直結する法令違反が多数ふくまれていたことを弁護団が立証したにもかかわらず、判決はその事実には目を背けているのです。産業別労働運動に対する無知という以上に、法令違反を侵した企業を庇い立てする醜悪な詭弁といわざるをえません。

安全や品質には手間とコストがかかるのは周知の事実です。しかし、生産現場や工事現場では、市民社会の目が届かないのをいいことに手抜きをくりかえし、必要なコストまで省いて利潤の最大限化を図ろうとする企業の不正行為が後を絶ちません。建設現場のみならず、あらゆる産業で品質不正や偽装がこれでもかこれでもかとくりかえされる現状については、大津地裁のように企業の不正の代弁者に成り下がって恥じることのない司法にも責任があるといわねばなりません。

さらに、コンプライアンス事件で公訴事実とされた五つの事件のひとつ、タイヨー生コン事件は、武・前委員長と湯川委員長の二名が共犯とされたものですが、裁判が分離された前委員長については、一年半以上も前に大阪地裁が無罪判決を出していました。ところが、大津地裁は湯川委員長について、おなじ証言と証拠を前にしながら丹念な検証を加えることなく「推認」に「推認」を重ねて有罪としました。しかも、それから一〇日ほど経って大阪高裁は前委員長の一審無罪判決を維持する判決を出し、その無罪判決が確定したことは冒頭に紹介したとおりです。司法判断として破たんしているのではないでしょうか。

そもそもコンプライアンス事件を考えるうえでは、以下の事実にもあらためて注意を払っていただきたいと思います。

第一に、この事件は、被害者とされた建設会社の被害届がないまま、滋賀県警組織犯罪対策課が捜査を開始して事件化したものだったということです。つまり、憲法二八条労働基本権保障や労組法一条二項の刑事免責などを無視して、暴力団対策チームが関生支部を反社会的組織に見立てて作り出したのがこの事件でした。

第二に、一年前の二〇二二年一月と四月の公判においては、検察官の取調べ録画が法廷で再生されたところ、検察官が不当逮捕された組合員に対して組合脱退を勧奨する発言をくりかえしていた事実があきらかにされていたことです。たとえば、二〇一八年七月、一連の事件で最初に逮捕された組合員に対して大津地検の多田副検事（当時）は、居丈高な態度で次のような露骨な組合つぶし発言をくりかえしました。

「警察と検察は何人もいるからね。（業界の）みなさん、連帯削ってくださいという話もある。当然やりますよ。これからどんどん削っていきますよ。」

弁護団は弁論において、大阪広域協組の指示でひきおこされた団結権侵害事件の数々や多田副検事らの組合つぶし発言などもふまえて公訴権濫用を主張しました。しかし、大津地裁判決は、「捜査機関が、関生支部を敵対視するという勢力の意向を受けて団結権侵害を企図したとはうかがわれ」ないし、「控訴提起の効力に影響を及ぼすような職務違反があったとみられる事情は存しない」としてこの主張を退けてもいるのです。

「検証・関西生コン事件」第2巻の内容

さて、「検証・関西生コン事件」第2巻は、大阪ストライキ事件と加茂生コン事件を題材に、産業別労働組合の団体行動の正当性がどのように判断されてきたのかを検証する論稿を収録しました。

巻頭の吉田美喜夫さん（立命館大学名誉教授）の「労使関係像の転換と労働法理」は、まず、関生支部が労働組合法上の有資格組合であるにもかかわらず、法執行機関においても反社会的集団であるかのごとくみなす偏見が存在するのは、協調的な企業別労働組合に慣れ親しんできた目には、関生支部が日本ではまれな産業別労働組合であることから、その活動が「特異」で「過激」に映るかもしれないこと、また、「労働組合とはなにか」についての認識不足とともに、企業別労働組合を当然とする労使関係像とそれを前提とした労働法理が影響していることを指摘。そのうえで、企業別労働組合の存在感低下、非正規労働者の増大と格差の拡大といった現状のもとで、労働組合が企業を超えて組織され、活動を展開する必要性、そして企業別労働組合を前提にしない新しい労使関係像とそれに適合的な労働法理を模索することが関生支部の訴訟にとってのみならず、日本の労働組合の今後にとって必要だとの問題意識で書かれたものです。

第Ⅰ部では、大阪ストライキ二次事件の控訴審に提出された鑑定意見書と控訴審判決に対するコメント（どちらも大東文化大学名誉教授古川陽二さん）、そして控訴審判決をふまえて、判決のバックボーンとなっている「直接労使関係に立つ者」論を批判的に検討した榊原嘉明さん（名古屋経済大学教授）の論稿を収録しています。

大阪ストライキ事件は、関生支部と全港湾大阪支部が運賃引き上げと大阪広域協組の民主化を要求して二〇一七年一二月に実施したストライキとそれに伴う説得活動を威力業務妨害としたもの。一次事件（現場で行動に参加した七牟礼副委員長ほか六名の組合役員ら）と二次事件（ストの「指示役」とされた西山執行委員ほか一名）に分けて審理され、二〇二〇年一〇月にまず二次事件で二名とも懲役二年六月、執行猶予五年という懲罰的な重い判決（大阪地裁第一一刑事部佐藤卓生裁判長）が、次いで翌二〇二一年三月に一次事件でも七牟礼副委員長に懲役二年、執行猶予四年、そのほかの組合役員らには懲役一年六月～一年八月、執行猶予三年～四年という、これまた信じがたい重罰判決が出されていました。

その控訴審における判決が、二次事件については二〇二二年二月二一日、一次事件については同年五月二三日に出されたのですが、どちらも控訴棄却とするものでした（二次事件は大阪高裁第四刑事部宮崎英一裁判長。一次事件は大阪高裁第二刑事部長井秀典裁判長）。さらに、最高裁においても、二次事件は同年八月二三日に上告棄却、一次事件も同年九月二八日に上告棄却という決定が短期間で出され（どちらも第一小法廷。二次事件が堺徹裁判長、一次事件が安浪亮介裁判長）、刑事裁判としては終結しました。

これらの重罰判決に共通するのは、いずれの事件においても、関生支部が団体行動権行使の対象とした相手方には関生支部の組合員が存在していない、つまり雇用関係がないことを理由として、その行動の正当性を否定していることです。

大阪ストライキ二次事件一審判決はその論理をストレートに打ち出したものでした。曰く、組合員が存在しないのだから、「関生支部との関係で争議行為の対象となる使用者とはいえないことに照らせば、組合員らの行為が正当行為としてその違法性が阻却される余地がない」（傍点筆者）。そして、ストライキに伴う説得活動を指して、まるで無関係な第三者が相手方に対し乱暴狼藉を働いたものであるかのように決めつけたのでした。

この一審判決に対して労働法学者や弁護士から厳しい批判が続出したのは当然のことでした（たとえば、「検証・関西生コン事件」第1巻収録の宮里邦雄弁護士「大阪ストライキ事件判決批判——産業別労働組合についての無知・無理解」）。

控訴審判決は、その批判を意識して、「労働組合が労働条件の改善を目的として行う団体行動である限りは、直接労使関係に立つ者の間の団体交渉に関係する行為でなくとも、憲法二八条の保障の対象に含まれるというべきである」し、関生支部の行動は「輸送運賃を上げることによって、関生支部組合員を含む生コン業界で働く労働者の労働条件を改善しようとする目的があったことは認められる」と修正して、産別運動に理解を示すポーズをとってみせました。

しかし、組合員が存在しないのだから、やはり「そこには自ずと限界があるべきであって、そのような団体行動を受ける者の有する権利・利益を不当に侵害することは許されないと解するのが相当であるから、これを行う主体、目的、態様等の諸般の事情を考慮して、社会通念上相当と認められる行為に限り、その正当性が肯定され、違法性が阻却されうる」として、雇用関係がない場合は団体行動権の行使には制約があると言い出したのでした。いつから団体行動権には二種類あるということになったのでしょうか。産業別労働組合の団体行動を認めるふりをしながら、あくまでも直接の雇用関係で成り立つ労使関係像をモノサシにして判断するというのですから、結局のところ企業別労働組合しか認めないというに等しい暴論にほかなりません。

この「組合員が存在しない＝雇用関係がない」論が和歌山広域協組事件の一審判決にも登場したこと、しかし、大阪高裁判決はこれを破棄して明快な判断を示したことは前述のとおりです。

第Ⅱ部は、加茂生コン事件の大阪高裁逆転無罪判決についての吉田美喜夫さんのコメントと、立命館大学特任教授松宮孝明さんの判例研究を収録しました。

なお、各論稿の初出は以下のとおりです。

・吉田美喜夫「労使関係像の転換と労働法理」（二〇二三年二月八日、国家賠償請求事件・東京地裁民事第一部合二係宛「鑑定意見書」に加筆修正）
・古川陽二「大阪スト二次事件・控訴審判決について」（「関西生コンを支援する会NEWS」一一〇号、二〇二三年三月）、一部加筆修正
・古川陽二「鑑定意見書」（二〇二二年三月一日、大阪高裁第四刑事部宛）
・榊原嘉明「判例研究・「直接労使関係に立つ者」論と団体行動の刑事免責」（季刊労働法二七八号、二〇二二年秋）
・吉田美喜夫「労働法理を踏まえれば無罪」（「関西生コンを支援する会NEWS」一八号、二〇二二年一月）
・松宮孝明「判例研究・労働組合活動に対する強要未遂罪の適用の可否」（労働法律旬報二〇〇四号、二〇二二年三月下旬号）

目次

第I部　大阪ストライキ事件

第Ⅱ部 加茂生コン事件

序　労使関係像の転換と労働法理

立命館大学名誉教授
吉田美喜夫

一　はじめに

(1)　全日本建設運輸連帯労働組合関西地区生コン支部（以下「関生支部」という）に対する刑事弾圧が二〇一八年七月に始まってから、やがて五年になろうとしている。多くの組合員が威力業務妨害、強要（未遂）、恐喝（未遂）などの罪で起訴され、すでに上告審にまで至った事件もあるが、多くは地裁、高裁での審理の途上にある。他方、関生支部の側も、刑事弾圧と連動して生コン業者によって行われた解雇や仕事外しなどの不当労働行為に対して救済を申し立て、ほとんどで救済命令が出されている。また、取り調べの過程で、組合員本人および家族に対して組合脱退の勧奨が行われたこと、さらに、逮捕を繰り返し、六四四日にも及ぶ長期の勾留が行われた例があることなど法執行機関における不法行為に対して国家賠償を求める訴も提起されている。なお、関生支部の組合員に対する刑事裁判で、検察官が証言台に立っている証人の関生支部ＯＢに対して「組員」という言葉を用いて質問したことさえあったのである。(1)

(2) たしかに、協調的な企業別労働組合に慣れ親しんできた目からすると、関生支部は、日本ではまれな産業別労働組合であり、その組合活動は「特異」で「過激」に映るかもしれない。しかし、関生支部からの不当労働行為の救済申立が認められている点から明らかなように、関生支部は労働組合法上の有資格組合（労働組合法五条一項）である。そうであるにも拘わらず、関生支部を反社会的集団、もっと言えば暴力団組織と異ならない集団だとみなすのは、はなはだしい偏見と言わねばならない。

(3) このような法執行機関における偏見には、「労働組合とは何か」に対する認識不足や企業別労働組合を当然とする労使関係像とそれを前提とした労働法理が影響しているのではなかろうか。関生支部は「ふつう」の労働組合でないかもしれないが、むしろ「まとも」な労働組合であって、(2)そうであれば、「ふつう」の労働組合を前提にした物差しで「まとも」な労働組合の活動を評価してはならないのである。

(4) 今日、企業別労働組合の存在感が低下する一方で、非正規労働者の増大と格差問題などにより、労働組合が企業を超えて組織され、活動を展開する必要性が高まっている。したがって、企業別労働組合を前提にしない新しい労使関係像とそれに適合的な労働法理を模索することは、ひとり関生支部の訴訟で公正な判断を求めるためだけでなく、日本の労働組合の今後にとっても必要なことだと考えられる。

(5) そこで、本稿では、労働組合とは何か、どのような組織形態をとるか、その組織形態を選択する理由は何か、労働条件の改善をどのように実現するか、そのために、誰に対して、どのような活動を行うか、労働組合の具体的な活動の法的評価は、どのように行われるべきか、その評価に当たって、伝統的な労働法理にはどのような問題があるか、今後の労働法理はどうあるべきか、といった極めて基本的な問題について見解を述べることにする。

二　労働組合の結成と組織形態

1　労働組合は何のための組織か

(1)　今日では、労働組合は憲法上の保護を受けている。憲法二八条は、労働者に団結権、団体交渉権、団体行動権を保障しているが、このうち団結権とは、労働組合を結成し運営する権利のことである。このように労働組合は、確固とした法的保護を受ける存在であるが、組織率の低迷、組合活動の低調、企業間競争の激化による要求実現の停滞などの事情があることから、その存在感が希薄になり、勢い労働組合に対する法的保護の認識や社会意識も低下している。したがって、なぜ労働組合が組織されるのか、という素朴な問題を改めて考える必要がある。

(2)　ところで、労働者の唯一の生活の糧は「労働力」である。労働者は、これをいずれかの使用者に提供して、その対価である賃金を得て生活する。この場合、労働力が特殊な性質を有する商品であるという理解が労働組合の存在理由を考える場合の出発点になる。

その特殊性とは、労働力が生身の人間の活動する能力であるため貯蔵ができない点である。使用しなければ消えてしまい、売り惜しみが利かない。倉庫に保管して値上がりを待つことができないのである。そのため、売り手である労働者の立場が弱くならざるを得ない。つまり、労働力の売買の条件は、働く条件

（労働条件）でもあるが、それはどうしても買手である使用者に買い叩かれる傾向を免れがたいのである。労働者が就職するに当たって交渉できる可能性が極めて低いのもそのためである。

(3) 労働者と使用者との関係は、このように労働力という商品の取引関係であるから、法的人格の平等、所有権の保障、契約の自由などを内容とする近代市民法の原則によれば、本来、対等であるべきだが、労働力という商品の特殊性のため、そうはならない。そこで、対等な関係をどのようにして作るかが問題となる。労働者がばらばらに労働力を使用者に売る場合、足元を見られることになる。しかし、労働力の売り手同士が、勝手に自分の労働力を売り渡さないように同盟し、その同盟組織＝労働組合を通じてしか労働力を売らないようにすれば、使用者と対等に交渉して、労働条件を有利に決めることができる。労働組合の本質的役割は、労働力の独占体として、労働者相互の労働力の安売り競争を規制する点にある。

2　労働組合の組織形態の意味——誰を仲間にするか

(1) およそ商品を有利に取引しようとすれば、できるだけ幅広く生産や流通を支配する必要がある。労働力の場合も同様であって、労働力の結集が多ければ多いほど交渉力を発揮することができる。

歴史的には、労働組合の最初の形態は職業別労働組合である。機械工、印刷工など一定の熟練を有する労働者を組織する労働組合である。熟練を獲得するには年季を重ねる必要があるから、熟練は簡単に身に着くものではない。希少価値のある熟練労働者が集まることで使用者との交渉力を高めることができる。しかし、機械化が進展して熟練の価値が低下するのに伴い、その存在理由を弱めることになった。

そうして登場したのが、産業別労働組合である。多数の未熟練の労働者が交渉力を獲得するには、できるだけ組織範囲を広くする必要がある。この要請に適合的な組織形態を追求した結果が産業別労働組合である。製鉄や化学、繊維、造船など、一定の産業で働く労働者が一つの労働組合に組織されれば、その産業の労働力は労働組合を通じてしか手に入れられないから、その産業の使用者団体と労働条件を対等に交渉することができる。そこで決められる労働条件は、あたかも国の立法と同じほど広範囲の労働者に適用されることにもなり、社会に及ぼす影響も大きくなる。産業別労働組合が欧米諸国の一般的な組合形態である。

(2) 理論的には、組織範囲を大きくするほうが労働組合の力を発揮できるので、組織形態は産業別労働組合に向うのが自然である。しかし、必ずしもそうはならないのは、労働力が日常的に取引される場である労働市場の在り方が、各国で異なっているからである。日本の労働組合のほとんどが企業別労働組合であるのは、労働市場が企業内に閉じられてきたからである[3]。

(3) 日本においても、戦後一時期、産業別労働組合を結成する方向が目指されたが、結局、ある企業の正規従業員だけを組織する企業別労働組合が支配的となった。それは、日本的労使慣行と呼ばれる独特の労使慣行が形成されたからである。日本的労使慣行は、「終身雇用」「年功賃金」「企業別労働組合」を特徴としていた。それは「三種の神器」とも呼ばれ、日本企業の優位性の条件とみなされた時期もあった[4]。

このような日本的労使慣行の下では、必要な労働力の確保は、社会的な労働市場を通じて行われるのではなく、新卒一括採用された労働力に実地で多様な能力を付けつつ配置転換し、長期に雇用するという内部労働市場で行われることになった。企業別労働組合は、このような慣行の下で労働条件の維持改善という課題に取り組むことになったのである。

(4) 内部労働市場を前提にすると、企業を超えた労働移動（転職）が行われにくいので、労働者にとっては企業が何より大事になる。そして、企業相互が競争関係に立つので、会社がつぶれては元も子もなくなるという企業防衛の意識が労働者にも共有される。所属企業の業績が自己の労働条件のあり方を規定するとなれば、企業の業績を上げるために経営側に協調的な態度をとることになるのも自然である。

その一方、企業を超えた団結活動には消極的な態度を生む。また、日本の経済構造においては、各企業がその業種や規模に応じてピラミッド型に編成され、上下の支配従属関係に立つため、たとえば下請け企業で組合を結成して賃上げを要求しても、それを使用者が飲むと、親会社や元請から余裕があるとみなされ請負単価の引き下げが要求されてしまう。大企業ほど組織率が高く、中小企業で組織率が低い理由の一つは、このような労働組合の存在理由を発揮し得る事情が企業規模で異なっているからである。

3 組織形態の法的規制と関生支部の特徴

(1) このように労働組合の組織形態は、労働市場や企業間競争の在り方などに規定され、それに対応する中で労働者が歴史的に選択してきた結果であって、法律によって決められたものではない。労働力の安売り競争を規制する上で誰を仲間にするのが一番有利か、を現実の経験（労働運動の実践）の中から学んで決めてきたのである。

なるほど労働組合法二条では、労働組合と認められるために、①労働者が主体であること（使用者の利益代表者の排除）、②自主性があること（使用者に支配されていないこと）、③労働条件の向上を主として目的にすること（従として政治・社会運動は可能であること）、④団体であること（複数人で結成すること）、

⑤民主性があること（組合規約を整備すること）を求めている。しかし、どのような組織形態でなければならないかには一切触れていない。また、組合員が現に雇用されている労働者であること、つまり、雇用契約を締結している状態にあることも求めていない。したがって、失業者の労働組合もありうる。

(2) もっとも、この規定は、労働組合法という法律の保護（たとえば不当労働行為の救済手続の利用）を受けることのできる労働組合となるための要件を定めたものであって、大本をなす憲法では、何らの留保もなしに団結権を保障しているのであるから、団結権は労働組合の形態に関係なく認められることになる。外国の例には労働組合組織を企業別労働組合と業種別労働組合に限定している例もある（タイの場合など）[5]が、日本の団結権保障の特徴の一つは、組織形態や組織人数、組織範囲、名称など、一切の制限を加えていない点にある。これほど労働組合に関して徹底して柔軟な法規制の国も珍しいと言ってよい。

(3) 元々、組織形態は、誰を仲間とするかという問題であるから、もし法律によってそれに制約を課せば、自由に団結体を形成できなくなるわけで、憲法の団結権の保障に反することになる。日本国憲法の制定過程で、日本側の草案に「法律ノ定ムル所ニ依リ」団結権などの権利を有するという文言が入っていたことについて、それでは憲法による保障の意味が失われるとして削除された経緯があった[6]。これに見られるように、法律によって憲法の保護を縮小させてはならないのである。したがって、日本の労働法では、組合形態の如何に関係なく、労働基本権は完全に保障されることになる。

(4) 関生支部の規約では、「第三条　本組合は、セメント・生コン産業及び運輸・一般産業に関連する労働者で組織する。」と定めている。したがって、様々な産業で働いている労働者が組織対象になりうる定め方をしている。

日本標準産業分類（平成二五年一〇月改定）によると、「セメント・生コン産業」が産業分類上の一つと言えるかは問題であるとしても、「製造業」の中の「その他の製造業」および「運輸業、郵便業」の中の「道路貨物運送業」で働く労働者を組織している組合ということになる。言い換えれば、関生支部は両産業で働く労働者を組織する産業別労働組合と言うことができる。

(5) 関生支部の場合、組織対象になっている労働者が働くのは、主として中小企業であるが、それがセメント会社とゼネコンの間に位置していて、両方から単価の引き下げを迫られる関係にある。そのため、弱い立場の個々の生コン会社を相手にしただけでは、労働条件の維持改善という労働組合の本来的な目的を達成することが困難である。そこで、生コン会社で働く労働者同士の競争を規制するために企業を超えて組合員を組織すると同時に、使用者の側においても相互の競争を規制するため業者の協同組合を作って、賃金の原資になる生コンの単価を引き上げることのできる交渉力を獲得する必要がある。関生支部としては、使用者の協同組合の組織化に協力することが自己の労働条件の改善と密接に関係するという事情があるわけである。労働組合が労働条件の決まっていくメカニズムを解明し、それにふさわしい労働組合の組織形態と活動スタイルを開発していくことは自然なことである。

(6) 関生支部がどの産業に関係しているかよりも重要なことは、特定の企業の従業員で組織される企業別労働組合ではないという点である。厚労省の毎年の「労働組合基礎調査」でも、企業別労働組合を定義しているわけではなく、労働組合を「単位組織組合」と「単一組織組合」の二つに分類し、その分類に当たって、①労働者が個人加盟する組織であること、および②下部組織の有無を判断基準にしているだけである。そのため、企業別労働組合の数を明確にすることはできないが、労働組合の統計総数が数万にも及ぶことから、産業の数や職業の数がそのような数には及ばないことを考えると、圧倒的多数は企業別労働組合であると考えられる。

(7) 日本では産業別労働組合はまれであると言ってよく、そのため、産業別労働組合の活動スタイルについて社会的認識が弱くなるのも当然である。しかし、良く知らないからと言って、それを労働組合と考えないのは、そもそも間違っている。日本にも一定数の有力な産業別労働組合は存在し、活動している。たとえば、全国繊維化学食品流通サービス一般労働組合同盟（UAゼンセン）[7]、日本音楽家ユニオン、全日本港湾労働組合、全日本海員組合などである。なお、これとは別に存在する産業別の連合組織、例えば自動車総連、電機労連、化学総連などは、企業別労働組合の連合体であって、組合組織を構成メンバーにしているのであるから、個人が当該連合組織に直接加盟するものではないので、厳密には産業別労働組合と言うことはできない。

4 労働条件の改善要求の意味

(1) 企業（使用者）は労働者の働きがあって初めて機能する。そうして得られた売り上げのなかから企業の利益が生まれる。労働者に高い賃金を提供すれば企業の利益は減るから、使用者は自主的に賃金を上げようとはしない。このようにして使用者と労働者は利害が相反するので、労働組合が賃上げを要求すれば、激しい対立になるのも当然である。その場合、労働組合は、ストライキなどの圧力を加えつつ団体交渉をして、使用者から譲歩を得ようとするのである。

(2) したくもない賃上げを迫られるという点で、このような労働組合の活動には、外観上、「脅迫」や

「強要」の要素が含まれている。しかし、誤解してはいけないことは、労働者が自ら創出に力を尽くした利益の分け前を要求しているという点である。つまり、その働きなしには企業活動自体が成り立ちえないという事実に基づき、貢献に見合った利益の配分を求めているのである。このことは、企業が自らの事業活動で行っている取引先企業との交渉と異ならず、使用者の事業活動と同様に公正な行為である。ちなみに、日本国憲法の制定過程で、現在は「団体交渉」と訳している〝bargain〟という用語が「商議」と訳されていた事実があり[8]、そこには団体交渉の本質の一端が表現されている。

(3)　なお、関生支部を暴力団組織とみなす理解があるが、暴力団組織は、分け前の元になる利益の創出に自らは寄与していないという点で、労働組合とは原理的に異なっている。もっぱら他人の労働の成果を、生命、身体、財産に対する加害の脅威を背景にしてかすめ取るに過ぎないのが暴力団組織だからである。

(4)　このような利益の配分を求める関係は、企業単位で考える場合、理解しやすいが、産業レベルでも、その分野で働いている労働者が全体として事業活動に従事し、そこに所属する企業全体の利益の創出に貢献しているという点では同じである。そして、組合員であるか否かは二次的な問題であって、当該産業に所属する労働者か否かが重要である。

この事理は、労働協約の一般的拘束力制度（労働組合法一七条および一八条）に生きている。この制度では、労働協約を締結した労働組合に所属していなくても、協約上の労働条件の適用が認められるが、それは企業活動の成果を適正に配分して、当該企業や地域・産業で事業活動に貢献している労働者の共通の労働条件を設定する（企業の側からいえば、競争条件の平準化）という点に意味を見出しているからである。

(5) 企業別労働組合の場合、会社がつぶれては元も子もないという関係にあることから、どうしても要求のレベルは業績の範囲内という微温的なレベルにならざるを得ない。これに対して、産業別労働組合である関生支部は、個別の企業を超えて組織しているので、個別の企業の業績を要求の前提にするのではなく、業界全体の業績を底上げして、そうして得られた利益の配分を要求することになる。この点で、企業別労働組合とは基本的な違いがある。使用者側から見て、関生支部の活動が「過激」に映るのは、このような組織の在り方への認識を欠くせいである。

三　企業別労働組合に適合させた労働法理

1　企業別労働組合が提起する法的問題

(1) 労働法理が、現実に生起する労使間の紛争を解決するための実用上の必要と関係している以上、現に支配的な労働組合の形態が企業別労働組合であれば、それを前提として法理が形成されたのは当然のことである。そのような労働法理がどのような特徴と限界を有しているかを考える場合、様々な法律問題と関係しているので、それを全体的に検討することは困難である。そこで、以下では、特徴的な法律問題に限って概観しておきたい。

(2) 組合保障の方法には、ユニオン・ショップ協定（以下「ユ・シ協定」という）とチェック・オフ協定がある。いずれも従業員と組合員の地位を結合させた労働協約条項である点に特徴がある。とくに前者は、「うちの従業員」だけの労働組合となる点で使用者にも容認される。しかし、ユ・シ協定は、「企業別に組織されることを当然とする意識を法的に正当化してきた」[9]点に重大な問題がある。正規従業員だけを組合員にする点や組合選択の自由を侵害しながら一企業一組合という労働組合の在り方を支え、企業別労働組合を固定化させる役割を果たしてきたのである。そして、その有効性を巡る議論も、企業別労働組合の存在自体は前提にしていたのである。最高裁もユ・シ協定自体は有効としつつ、団結権を行使する他の労働組合に所属する労働者にはユ・シ協定の効力は及ばないという調整法理を案出したに過ぎない。[10]

(3) 典型的な企業別労働組合は、ユ・シ協定によって正規従業員に一括加入を強いることになるから、労働組合はその目指す方向の一致するものの加入意思によって組織されるわけではない。そのため労働組合内に路線の対立が生じて分裂が起こり得る。そのようにして複数組合が併存するに至った場合、使用者は中立保持義務を負うという判例法理が確立している。[11] また、分裂した場合の組合財産の帰属についても、最高裁は、法的な「分裂」概念を容易には認めず、元の労働組合への財産の帰属を優先させた。[12] 前者は、各労働組合が団結権を行使している点において優劣をつけることができないという当然の事理に基づく判断であるが、後者は、実際には、元々あった企業別労働組合の現状維持に役立つ法理と言うことができる。

(4) 多くの労働組合は、企業の側から、組合事務所の供与、会社施設・備品の自由利用、組合役員（在籍専従）経費の会社負担、就業時間中の組合活動の自由などが承認されている。これも企業別労働組合の特徴である。このような便宜を受けていて使用者にまっとうに対抗できるか疑問であるが、企業施設が活動の場になるという企業別労働組合の活動スタイルに基づき、それらの便宜の必要性が正当化される一方、団結力によって使用者から譲歩を勝ち得た証拠（強固な団結力の証明）であるという弁明の法理が主張されることにもなる。むしろこれらの便宜供与は労使協調の証明であったというべきであろう。

(5) 企業別労働組合は、通常、企業内が活動の場になり企業施設を利用することから、組合活動の法理は、企業の「外」ではなく「内」で展開される場合を前提に、企業施設管理権および指揮命令権（職務専念義務）との関係における正当性の範囲が問題にされてきた。学説上は労使の事情を調整する法理（使用者の承認なしに組合活動を一定程度認める受忍義務説）を発展させたが、最高裁は、施設利用を使用者の許容する範囲内に限定してきた。[13] 企業別労働組合は、協調的で微温的な活動に止まるべきという法理と言ってよい。

(6) 「唯一交渉団体約款」および「第三者交渉委任禁止約款」は、企業外に成立する労働組合や上部団体が企業内の労使関係に関与することに使用者が極度の忌避的態度をとることと結びついている。そして、このような約款は団体交渉を企業内に封じ込める役割を果たしたのである。

しかし、かつて失対労働者（失業対策事業に従事する日雇い労働者）が職場の確保を要求する場合、職安、県知事、労働大臣（当時）などが団交の相手方になるかという問題、分社化や雇用形態の多様化が進められたことで直接雇用関係にない元請や親会社への団交要求が可能か、という問題が法理上の課題となった。これらの問題について、学説上は、使用者概念の拡大の法理を生み出して、これを認める傾向にあった。[14] しかし、最高裁は、使用者対被用者という「雇用関係」においてのみ団交権が保障されていると判断した。[15] 使用者の範囲を極めて狭く解する判例法理には、相当古い歴史がある。

しかし、その後、労働契約関係にない当事者間、たとえば事業場内下請労働者の労働組合と受入れ先との団交ににについて、最高裁は、雇用主と部分的とはいえ同視できる地位にあれば交渉に応じるべき使用者に当たるとした。[16] これは、交渉の相手となる使用者を広げる意味と、あくまで雇用主との距離（雇用契約の存在）で判断しようとする両方の意味をもつ法理である点に注意すべきである。

(7)　企業別労働組合がストライキをする場合、使用者は企業の外（外部労働市場）から容易に代替労働力を確保できるので、ストを防衛するため、ピケッティング（ピケ）が重要になり、また、職場に滞留するスタイル（職場占拠）をとることにもなる。[17]

このような団体行動の場合、ピケの場面での言論および有形力の行使がどこまで認められるかが重要な論点になり、最高裁は、穏便な行動の範囲に正当性を限定している。[18] また、学説上は、職場占拠について、企業別労働組合であることを理由に、職場に滞留すること自体は正当としつつ、企業財産の本体の侵害は許されないという法理が展開された。[19]

(8)　日本の労働協約は、企業別に、最低基準ではなく労働条件そのものを決定するために締結されることから、有利原則（協約水準より有利な労使の個別合意を有効とする原則）を否定する立場となる。有利原則を認めると、団結を乱す恐れ（団結破壊の恐れ）があるからである。[20] このような懸念の淵源は、多くの企業別労働組合がユ・シ協定によって正規従業員に一括加入を強いるために団結力が弱くなる点にある。しかし、近年では、産業別労働組合が増加する可能性を根拠に、有利原則の可否は個別の事情で判断すべきとする主張など、[21] 従来の法理の修正の動きも認められる。

(9)　労働協約の地域的一般的拘束力制度（労働組合法一八条）は、労働組合の超企業的・横断的組織を想定する制度と考えられることから、企業別労働組合が一般的な日本では実際上問題にならなかった。そのため、学問上の関心の対象にもならなかった。

しかし近年、研究が進んできた。[22] その背景には、①企業別労働組合の衰退と産業別労働組合ないし一般労働組合が重要性を増してきたこと、②不安定雇用労働者の増大の下で顕著になってきた企業間の労働条件格差を縮小する（同一労働同一労働条件の確立）機能への期待、③事業者間の公正競争の実現の重要性の認識が高まってきたこと、などによる。[23]

2 企業別労働組合法理の特徴と限界

(1) 企業別労働組合に適合的な労働法理を単純に総括することはできないが、主たる特徴を挙げれば、以下の通りである。すなわち、①主として企業という閉じられた世界で労働組合が活動することを前提にすること、②労働組合の構成員は特定の企業の従業員と一致し、したがって、雇用関係があることが当然視されること、③団体交渉が当該従業員の使用者である特定の企業を相手に行われること、④形式的に使用者の法人格が別になれば、雇用関係がないとして組合活動の対象とは認めようとしないこと、⑤使用者概念の拡大を図る場合でも、雇用関係と同視できるか密接に関係する範囲にとどめること、⑥争議行為よりも協調的な労使間の話し合い（団体交渉）を重視すること、などがそれである。

(2) このような特徴の中核にあるのは、「労働契約関係ないしはそれに近似ないし隣接した関係を基盤として成立する団体的労使関係の一方当事者」[24]を使用者とする考え方と言える。「労働契約基準説」と呼ばれるこの考え方は、「使用者が雇用する労働者」の代表者が団交の相手方になるとする労働組合法の文言（七条二号）を重要なよりどころにしていると考えられる。

しかし、労働組合法七条の規定は、あくまで団交拒否などの不当労働行為の主体となる使用者の判断基準であるはずのところ、団体交渉に奉仕するものとして組合活動や争議行為を位置づけることから、労働団体法（集団的労使関係法）全体を規定する考え方になっている。「団交権中心論」とも呼ばれるこの考え方は、労働基本権のレベルでも、団体交渉権を中心にして、団結権および団体行動権をその下位に位置づける理論構造となっている。[25]

(3) 団交権中心論の労使関係像は企業別労働組合を主軸とする労使関係像そのものである。[26] そして、この考え方は、労働組合は企業内にとどまる存在であるのが望ましいという労働組合観ないし労使関係像、あるいは「企業あっての労働組合」という発想と通底しているとも言える。

このような考え方は日本の労働法理に広く深く浸透し、法的思考を規定して法の適用の場面や法学教育の場面で繰り返されてきた。反面、産業別労働組合への理論的関心が弱い点は、上記のような企業別労働組合を想定した法的問題に取り組んできた以上、けだし当然の結果である。

(4) しかし、労働条件の維持改善という労働組合の目的を達成するために雇用契約の当事者を団交の相手方にすることが合理的であるのは、企業別労働組合の場合であって、従業員を組合員にしているからである。そのような場合には、労働条件の改善のために組合員＝従業員の相手方である企業（使用者）を交渉の相手方にすれば足りる。しかし、以下のような事情の変化を踏まえると、このような考え方の基盤そのものが動揺してきていると考えられる。

(ア) 企業別労働組合もその特徴の一つとされた日本的労使慣行ないし日本的労使関係が変化している。最も大きな変化は、通常、企業別労働組合では組合員資格が認められない非正規労働者の割合が増大し、四〇％を占めるに至っている点である。[27] 労働組合の中には、彼らを組織化する方針の所もあるが、部分的である。企業別労働組合のままでは組織規模の維持が難しいので、連合体を結成して規模の維持を図る傾向も見られるが、それで団結力が高まるとは思えない。

(イ) 企業別労働組合から排除された非正規労働者は、「ユニオン型」(企業や職種、雇用形態などを問わない個人加盟)の労働組合を組織する方向に向かっている。その最も中心的な特徴は、企業を超えて組織されている点である。そして、一定の地域や業種における共通の労働条件の確立を追求している。パートタイマーの労働組合がその典型である。近年、日本でも、外部労働市場の意味が重要になっており、これに応じた組織形態と組合活動が必要になっている。

(ウ) 近年、ギグワーカーなど先端的な就労形態の「雇用によらない労働者」が増えている。このような就労を推進しようとする政策動向もある。[28]

しかし、彼らが「業務委託契約」により就労しているという理由で労働法上の保護を享受できず、不安定な労働実態に置かれていることが問題になっている。この問題を解決するに当たって、彼らが「労働者」と言えるか、すなわち「労働者性」があるかという視角から議論されている。東京都労働委員会は、二〇二二(令和四)年一一月二五日、Uber Eats Japan合同会社とUber Japan 株式会社に対し、配達員は労働組合法上の「労働者」に該当し、配達員の有志で構成される「ウーバーイーツユニオン」との団体交渉に「誠実に応じなければならない」との命令を出した。[29]

「労働者性」が認められるということは問題解決の第一歩ではある。しかし、そのことは「雇用契約」関係と部分的に重なることを意味するとしても、労働者性の有無という議論だけでは彼らの問題は解決できない。言い換えれば、「雇用契約」関係の有無の意味が低下しているのである。

(エ) グローバル化の進展により、日本の労働者は他国の労働者との労働力の安売り競争に投げ込まれている。このような国際的な競争環境の変化により、多くの企業別労働組合では、団体交渉を通じて賃上げをすることが難しくなっており、団体交渉の機能が衰えている。そして、政府が賃上げを経済界に要請する事態すら生じている。[30]

(5) こうして、企業別労働組合が現実の変化に対応する能力を失ってきており、それを前提にした労働法理にも反省が求められていると言えよう。

四　新しい労使関係像と組合活動の課題

1　労使関係像の転換の必要性

(1) 以上の労働組合に関する変化は、要するに、企業の枠内にとどまらない多様な働き方を基盤にした団結が期待されるということである。こうして、法理の前提になっている労使関係像自体の転換が必要である。[31] そして、企業別労働組合に適合的な法理も、現実との乖離を含むようになり、部分的な適合性しか持てないのであるから、それによって多様な組織形態とその活動の全体を法的に評価することは適切ではないことになる。

(2) とくに重要な点は、労働組合法上の「使用者」に該当するか否かについて雇用契約の存在は不可欠の要件ではないという点である。雇用契約の存在ないしそれとの類似性・近似性にこだわると労働法の妥当範囲を不当に狭める結果となるのである。[32] 団体交渉についてはともかく、雇用契約の存在を団体行動全体の当事者性の判断基準にしたら、およそ組合運動は企業内に封じ込められてしまう結果を生む。

(3)　したがって、「企業内」「雇用関係」「団体交渉」などの説明概念で法理を組み立てることから脱して、新しい労使関係像とその下での組合活動や争議行為に関する法理を創造しなければならない。もっとも、それを体系的に構築することは容易な課題ではない。そこで、以下では、新たな労使関係像の下で労働組合が取り組むべき主要な課題を検討し、新たな法理の前提を考えてみたい。

2　組織化のための活動

(1)　ユ・シ協定の下では、いわば自動的に組合加入が行われるため、従業員として入社してくれば組合員になるので、組織化のための活動をする必要がない。しかし、本来、組合加入を働きかけることは団結権の基本的な内容である。産業別労働組合であれば、組合員のいない企業にオルグ（組合加入への勧誘行為と組織者）などの働き掛けをすることは当然であり、アメリカ労働法では、排他的交渉代表制（過半数労働組合が団交権を独占する制度）を取っていることとの関係で、企業の外にある労働組合が目当ての企業の交渉権を獲得するため、企業の外部からの働きかけ（オルグ）の行為が企業施設で行われる。そのような活動に全国労働関係局（日本の労働委員会に相当）は寛容である。[33]

(2)　非正規労働者に対する企業外の労働組合による組織化について、道幸哲也は、そのニーズの高まりを理由に、「外部からの組織化の権利を独自の観点から構成すべき時期ではなかろうか」と問題提起し、組織化には、一定の関係に由来する場合と一定の関係を形成する場合があるとし、「使用者概念の拡張」が必要であるとする。[34]この見解は二〇一三年のものではあるが、現在でも重要な問題提起と言える。

(3)　組織化は団結権の中核的な活動である。したがって、組合員のいない企業に組合活動を仕向ける場合、それが組織化の一環として行われる限り、強い保護を受けるべきであるから、その法的評価が問題になる場合には、この観点から行う必要がある。

3 対抗的労使関係の成立

(1) 産業別労働組合であれば、組合員のいない企業に対して団体行動を仕向けることがありうる。たとえば企業の取引先に要請行動をすることが考えられる。そのような場合、企業別労働組合を前提にすれば、当該企業としては、いわば「そば杖」ということになる。しかし、そのような場合に、使用者が民事的な法的手続き（たとえば仮処分）を利用するならともかく、争議対抗行為の性格を帯びる行動に踏み切れば、それによって対抗的労使関係が形成されたというべきである。産業別労働組合にとって使用者はあらかじめ決まっているわけではなく、組合活動の目的に適合的な使用者を追求することで発見され、そのような相手方と対抗的労使関係を形成することはあり得るというべきである。

(2) 組合活動を仕向けられた企業の対抗措置は、本来の正常な企業活動としての性格を失っていると見るべきである。防衛的であれ、対抗措置を講じることで、使用者自身が対抗的労使関係を創出し、その一方当事者になったというべきである。[35] こうした関係は、もはや一般市民同士の関係ではなく、団体的労使関係の性格を獲得したのであり、法的責任を問う場合、たとえば市民刑法の単純な適用は謙抑されねばならない。このような関係において使用者を単なる刑事犯罪の「被害者」と見るのは誤りである。

4　使用者間の公正競争秩序の形成

(1)　労働者の側の組織が産業別労働組合に変化しただけでは労使関係像の変化は現実化しない。相手方となる使用者団体の存在が必要だからである。(36) しかし、従来、労働法学において、使用者団体への関心は薄かった。企業別労働組合では、基本的には使用者は相手企業だけだから、使用者の団体は問題にならなかったのである。また、使用者団体が存在する場合も、団体交渉をして労働協約を締結する当事者性は持たないという理解が一般的で、それは、多くの場合、そのような機能を果たすために当該団体が結成されていないからである。

(2)　しかし、労働力の安売り競争を規制するために売主である労働者だけが団体を結成しても、買主の側も労働市場を規制するだけの団体を持たなければ、労働市場全体の公正な競争秩序の形成は図れない。この点に関し、使用者の側は、労働力を買うという立場だけでなく、生産した商品を販売するという側面も有していることを考慮に入れるべきである。すなわち、使用者は元々、自らの資本と労働力を結びつけて商品を生産したりサービスを提供する事業を営んでいるのであるから、公正な経済競争は、労働力の買いたたきの規制だけでなく、商品の安売り競争も規制されないと、市場全体の公正さを確保することにはならないからである。

(3)　事業者間の公正な競争により公正な経済秩序を形成することは社会的に価値がある。使用者の側も、使用者団体を結成して相互の競争を規制することは、経営資源を事業の発展に集中できる点だけからみても合理的である。そして、使用者団体に所属しない使用者は競争関係を乱す存在だから、使用者団体としても放置できないはずである。

関生支部の場合、組合員同士だけでなく、業者間の競争を規制して初めて労働条件の維持・改善が果たせることから、中小企業協同組合に加入していない業者に加入を働きかける必要がある。

(4) この点では、関生支部がアウト業者（協同組合に加入していない業者）に圧力をかけるという行動は、以下のような事情を見た場合、産業別労働組合の行動様式としては当然のことである。すなわち、「生コン産業」は、セメントメーカーとゼネコンの間に位置し、セメントメーカーの出荷基地からバラセメント（生コンの原料）を生コン製造プラントに運搬し、製造された生コンをミキサー車で工事現場に運び、工事現場でポンプ車により打設する過程から成り立っている。このような「生コン産業」の構造を前提にすると、「業務の正常な運営」を阻害するという争議行為の対象は、組合員のいる個々の業者だけではなく、サプライチェーンとして経済的に連携している業者（「企業間ネットワーク」）が全体として対象になるというべきである。[37] もっとも、組合員のいない業者におけるストライキは考えられないので、ストライキへの協力要請の働きかけにとどまらざるを得ないが、その場合でも、「局外者」に対する行動と見るべきではなく、団体的労使関係の相手方と見たうえで、労働組合の行動の法的評価をすべきである。

5 公共的価値の擁護

(1) 世界の産業別労働組合は、企業の法令違反を指摘するコンプライアンス活動（以下「コンプラ活動」という）に積極的に取り組んでいる。[38] それは公正な市場を軸とする経済社会を形成する上で、私的利益の追求に向かいがちな企業を監視することの必要性が高まっているからである。そして、そのような監視活動は、安全や環境や健康など、公共的価値の擁護に貢献する活動としての意味を獲得してきている。もちろん、このような性格ばかりではなく、産業別労働組合は、組織化をするための間接的な圧力手段としてコンプラ活動を利用することもあるが、これはアメリカでは普通のことである[39]。

(2) 関生支部もコンプラ活動に取り組んでいる。いずれかの事業者が、安全への投資を怠り、その分コストを下げて経営することになれば、そこで働く労働者にとって危険なだけでなく、業界全体の信頼が揺らぎ経営にとってマイナスになるからである。それどころか、劣悪なコンクリートが市場に出回れば、地震などの災害にも耐えられない。しかし、検察の見立てでは、コンプラ活動は「ターゲット企業」(コンプラ活動の対象企業)の業務を妨害することで畏怖させる手段の一つであって、法令遵守を啓蒙する活動を装ったものとされている。

(3) このような見立てしかできないのは、コンプラ活動が困難な一般的な企業別労働組合しか見ていないからである。企業別労働組合では、三六協定(時間外・休日労働協定)の締結を拒否することすら実際にはできないし、安全衛生委員会が機能しているとも言い難い。被災した組合員が労災申請をしたことについて、企業別労働組合が被災者からの支援要請にすら応じないということは、決して珍しいことではない。企業別労働組合は、個別企業の利益を優先する姿勢になりがちだからである。過労死が二件も発生した「電通」では、労働組合があるにもかかわらず、それを抑止できなかったのである。

(4) コンプラ活動は、個別の企業の利益より産業全体の共通の労働基準を形成することを優先する産業別労働組合だからこそ取り組むことができる。その活動で指摘される問題点は、いずれも違法な事実であり、そのような違法状態は使用者が率先して解決すれば生まれないのである。違法でもないことを指摘して初めて「嫌がらせ」になるのであって、違法を指摘したほうに刑罰を科すとすれば、違法行為に加担したとの非難を免れがたいと言わねばならない。

(5) 毛塚勝利は、ステークホルダー民主主義の実現の観点から、市民的公共性を有する事項について、顧客や消費者、地域住民などが、市民社会の一員である企業が公共的責任を果たしているかについて行うモニタリング活動（評価・監視活動）の意義を強調している。もっとも、それは当該地域の企業のすべてを一般市民の市場評価にさらす行為のことを指しており、そのような活動は何ら問題ないが、関生支部のコンプラ活動は、相手先の企業を直接評価するものであり、操業の停止・停滞に及べば法的問題を発生させることになるとする。しかし、反対に、そのようなレベルに至らなければ組合機能の拡充の一部としてその活動は保障されるという主張だと考えられる。[40]

(6) 社会的存在である企業が法令を遵守すべきことは、今日の企業社会では共通の理解になっている。企業自身も、コンプライアンスを重視するようになっている。関生支部のコンプラ活動が目立つのは、ほとんどの企業別労働組合では取り組まないからであって、国際的に見れば、決して特異な活動ではない。むしろ、現在広く普及してきているコンプライアンスの意味を現実のものにするための活動として法的価値を有するものである。

五　新しい労使関係像と労働法理の課題

(1) 本稿の最後に、これまでの検討を踏まえ、関生支部に関する刑事裁判や国家賠償訴訟などを念頭に置きながら、労働法理の基本的な理念と産業別労働組合を軸とする新しい労使関係像の下での労働法理の課題について述べ、結びとしたい。

(2) 法は現実に対して機械的に適用されるものではない。価値判断を伴うから、判断者の価値観に影響されることは避けがたい。そして、その価値観に影響を与える事情の中に、社会の風潮も何ほどかは含まれる。そのように考えると、労働法の分野、とくに労働団体法の分野では、ストライキが殆んど行われず、「賃上げ春闘」が死語になりつつある状況に鑑みると、次のような一研究者の懸念はもっともなことである。すなわち、「社会における争議行為の減少が裁判官の認識枠組みにも微妙な影響を与えていないか、気になるところであ」り、さらに、配慮して実施されたストライキであるにも拘わらず使用者が求めたスト禁止の仮処分を裁判所[41]が認容したのは、「社会における争議行為の減少の結果、本件ストライキが必要以上に危険視された」からではないかというのがそれである。[42]このような懸念は、今日、多くの労働法研究者に共有されていると言ってよい。[43]

(3) 労働組合の権利を考える場合、引き続き「国家からの自由」が重要である。すなわち、労働組合の結成自体が刑罰で禁圧されていた時代を経て、現在では、憲法で労働基本権が保障されるに至っているが、そのことによって、国家は団結活動を抑圧する立法をしてはならないこと、立法があっても、それの適用を抑制することが求められるのである。刑事免責を定める労働組合法一条二項には、刑罰規定の適用自体の濫用禁止の趣旨も含まれているのである[44]から、労使関係上の問題が発生した場合、国家は労使のいずれにも加担せずに中立を保持するとともに、その解決は労使自治と紛争調整制度に委ね、刑罰法規の適用を謙抑すべきである。

(4) この点に関し、組合活動や争議行為に対して刑事責任を追及する裁判において、当たり前のように違法性阻却説の立場から審理されることには問題がある。つまり、まず当該行為が罰条に該当することを前提に、その後で、正当な組合活動ないし争議行為と言えるか否かという違法性阻却事由の審査が行われている。しかし、これでは団結権が憲法で保障された意味は反映されない。まずは当該行為が労働組合の行為であることを踏まえ、労働法的な検討をする必要がある。具体的には、当該行動の趣旨・目的や手段・態様が吟味されねばならない。そして、そのような労働組合の活動が労働法の観点からみて正当なものであれば、そもそも刑罰構成要件への該当性そのものが否定されるのであって、正当とは言えない場合に初めて、市民刑法に照らして、罰条への該当性と違法性阻却事由が吟味されるべきである。[45]

(5) 労働法的に検討するという場合、重要な点は、労使関係はその当事者に立場の互換性がないのであるから、そのような互換性のあることを前提にする一般市民同士の関係と把握してはならないという点である。したがって、団体行動の名宛人になった使用者を「被害者」と性格付けて検討することは不適切である。そして、労働者の側が団結体を結成しているのと同様に、使用者の側も決して孤立した存在ではなく、企業という経営体として地域的にも経済的にも連携し合った存在である。[46] 一企業でもこのような連携関係にあることは確かであるから、ましてや地域労働組合や産業別労働組合にとっては、関係する企業(使用者)は、強弱の違いはあっても、当事者性を持つ可能性のある存在である。少なくとも、このような観点から労使紛争の当事者性を判断するべきである。

(6) 国家の労使関係への介入を謙抑すべき要請は、刑罰を科すという結果についてだけでなく、その結果に至るプロセス、とりわけ取調べの過程でも遵守されねばならない。

ところで、使用者が、労働組合の組織の在り方、運動方針、性向について意見を表明することは、利益の誘導・脅迫の要素がなくても、団結権の侵害になる。なぜなら、それらの事項は組合自治の内容であり、それに容喙することは、組合の統制を乱し、団結にひびを入れ、組合の運営に影響を及ぼすからである。とくに個別的に組合員に働きかけて組合問題について発言することは、内容を問うまでもなく、「肩たたき的言論」として団結権の侵害になる[47]。

このような法理は、使用者でなくても、捜査権という明確で強力な権力を行使する場面でも適用されるべきである。むしろ、取調べにおいては、そのような権力行使に言論で抵抗できない点でフェアではないし、使用者以上に影響力がある。ましてや、憲法の尊重擁護の義務を負う公務員（憲法九九条）が憲法によって保障された団結権を侵害することは許されない。

(7)　団結権をはじめとする労働基本権は、使用者には認められていないのであるから、労使関係を市民法における対等な契約当事者の関係と同様に考えることはできない。また、労働基本権が、使用者との相対的な関係においてのみ認められる権利ではなく、労働者であることによって認められる権利であるという点が重要である。そうであれば、特定の使用者との間でしか労働基本権を行使できないという理解は、企業別労働組合を前提にしたときの極めて日本的な労使慣行を前提とした解釈であり、改められねばならない。この点で、「団体行動は、狭い意味の団体交渉の枠を超えるものであり、他社の労働者や一般公衆に対するアピールを含めた自主的な活動の余地は、いくらでもあ」り、「これをアプリオリーに団体行動の埒外に追いやるのではなく、具体的な当事者間の関係と、行為の態様や目的を吟味し、他の保護法益との調整を図りながら、正当性の判断がなされるべきである[48]」という認識が尊重されるべきである。

産業別労働組合の場合、その産業に共通な労働条件の形成が目的であるから、例えば失業中の組合員の労働条件の改善のために、一定の産業や業種に属する事業者を対象にして団体行動を仕掛けることもある。「雇用契約」の有無を中核にして団体的労使関係の問題を考察してはならないのである。

(8) 組合活動や争議行為の正当性を判断するに当たって、「健全な社会通念」を根拠にする場合がある。「社会通念」は極めてあいまいなだけでなく、そもそも労使の対立している場面で両方を納得させる「通念」なるものが存在するか疑問である。仮にあるとしても、「労使関係における通念」を探求すべきである。「社会通念」という概念を法解釈の拠り所にすることは、「問題を霧のなかに追いやるに過ぎない(49)」という先達の主張に耳を傾けるべきである。

(1) 法執行機関における組合脱退の勧奨行為や不当な長期勾留などに対する国家賠償請求事件(東京地裁令和二年(ワ)七一二五号)の原告第七準備書面四頁。

(2) 熊沢誠「まともな労働組合の受難―全日本建設運輸連帯労組関生支部刑事訴追裁判鑑定意見書」労働法律旬報一九七五・七六号一一一頁以下。

(3) 企業別労働組合と労働市場の在り方との関係について、白井泰四郎『企業別組合(増訂版)』(中公新書、一九七九年)参照。

(4) 一九七九年にエズラ・ヴォーゲル『ジャパン・アズ・ナンバーワン』(TBSブリタニカ)という日本的労使慣行を称揚する文献が出版された。

(5) タイの労働組合に関する法規制の概要は、吉田美喜夫「タイ」香川孝三編『アジア労働法入門』(晃洋書房・二〇二二年）九一頁以下。なお、企業別労働組合が、アジア諸国を中心に、多くの国で見られる点について、香川孝三「企業別組合の国際比較」労働法律旬報二〇〇一号四頁。
（6）中窪裕也「労働組合法一条一項および憲法二八条の立法過程に関する若干の素描」山田省三ほか編『労働法理論変革への模索』（信山社・二〇一五年）六八四頁。
（7）ただし、組合組織と個人の両方が組合員になることができる。
（8）前掲・中窪「労働組合法一条一項および憲法二八条の立法過程に関する若干の素描」六八四頁。
（9）野川忍「労使関係法の課題と展望」日本労働法学会編『講座労働法の再生（第五巻）』（日本評論社・二〇一七年）一九頁。
（10）三井倉庫港運事件・最一小判平元年一二月一四日民集四三巻一二号二〇五一頁。
（11）日産自動車（残業差別）事件・最三小判昭六〇年四月二三日民集三九巻三号七三〇頁。
（12）名古屋ダイハツ労組事件・最一小判昭四九年九月三〇日判時七六〇号九七頁。
（13）国鉄札幌運転区事件・最三小判昭五四年一〇月三〇日民集三三巻六号六四七頁。
（14）寺田博「団体交渉権論」籾井常喜編『戦後労働法学説史』（労働旬報社・一九九六年）三六八頁以下。
（15）板橋造兵廠事件・最大判昭二四年五月一八日刑集三巻六号。
（16）朝日放送事件・最三小判平七年二月二八日労働判例六六八号一一頁。
（17）石井保雄「争議行為の意義と正当性」日本労働法学会編『講座労働法の再生（第五巻）』（日本評論社・二〇一七年）一六六頁。
（18）御国ハイヤー事件・最二小判平四年一〇月二日労働判例六一九号八頁。
（19）学説の概要は、水町勇一郎『詳解労働法（第二版）』（東京大学出版会・二〇二一年）一一〇九頁。
（20）西谷敏『労働法（第三版）』（日本評論社・二〇二〇年）六九四頁。

(21) 桑村裕美子「労働協約の規範的効力」日本労働法学会編『講座労働法の再生（第五巻）』（日本評論社・二〇一七年）一一三頁。
(22) 古川景一・川口美貴『新版　労働協約と地域的拡張適用』（信山社・二〇二一年）、浜村彰ほか「労組法一八条の地域的一般的拘束力に関する国際比較」労働法律旬報二〇一五号六頁以下。
(23) 川口美貴「日本における産業別労使交渉と労使合意」日本労働研究雑誌六五二号五〇頁以下。
(24) 菅野和夫『労働法（第一二版）』（弘文堂・二〇一九年）一〇〇六頁。
(25) 前掲・西谷『労働法（第三版）』五八四頁。
(26) 緒方桂子「労働組合の変容と不当労働行為制度」法律時報八八巻三号四二頁。
(27) 非正規雇用労働者の割合は、「令和二年版　厚生労働白書」によれば、二〇一九年で三八・三％である。
(28) 内閣官房・公正取引委員会・中小企業庁・厚生労働省「フリーランスとして安心して働ける環境を整備するためのガイドライン」（二〇二一年三月二六日）がその表現である。
(29) 田邉佳介「ウーバー配達員「労働者」認定でも現場に残る不安―会社は再審査申し立て、決着まで長期化懸念も」東洋経済オンライン二〇二三年一月一日。
(30) 二〇一三年以降「官製春闘」が繰り返されている。
(31) 前掲・緒方「労働組合の変容と不当労働行為制度」四三頁。
(32) 前掲・西谷『労働法（三版）』一四頁、五九五頁、六二七頁。
(33) 中窪裕也『アメリカ労働法（第二版）』（弘文堂・二〇一〇年）五三頁。
(34) 道幸哲也「非正規労働者の組織化と法」労働法律旬報一八〇一号一三頁。
(35) 同旨とみられる見解として、榊原嘉明「連帯ユニオン関西生コン支部（刑事・大阪二次）事件」季刊労働法二八七号二〇三頁。

(36) 今野晴貴『ストライキ2.0』(集英社新書・二〇二〇年)一三四頁。
(37) この点について、ドイツの判例を参照して、密接な経済的結びつきの存否を、生産関係、サービス関係、供給関係から判断するという考え方を提起する論考として、前掲・榊原「連帯ユニオン関西生コン支部(刑事・大阪二次)事件」二〇四頁がある。
(38) 国際運輸労連のインスペクター活動、韓国の全国建設労働組合のコンプラ活動、アメリカの産業別労働組合のコンプラ活動などについて、「シンポジウム 企業のコンプライアンスと産業別労働組合の役割」労働法律旬報一九四八号六頁以下。
(39) 藤木貴史・前掲「シンポジウム 企業のコンプライアンスと産業別労働組合の役割」一三頁以下。
(40) 毛塚勝利「労働組合機能と基本権論の課題」労働法律旬報一九五一・五二号三〇頁。
(41) 鈴鹿さくら病院事件・津地判平二六年二月二八日判例時報二二三五号一〇二頁。
(42) 中窪裕也「団体行動権の意義と構造」日本労働法学会編『講座労働法の再生(第五巻)』(日本評論社・二〇一七年)一五二頁。
(43) 関生支部に対する大規模な刑事立件について、日本労働法学会有志七八名が反対声明を出している。「組合活動に対する信じがたい刑事弾圧を見過ごすことはできない」(二〇一九年一二月九日)労働法律旬報一九五一・五二号一一〇頁。
(44) 島田陽一ほか『戦後労働立法史』(旬報社・二〇一八年)五六四頁(竹内(奥野)寿)。
(45) このような論理構成は、蓼沼謙一博士の強調された点である。『争議権論(一)蓼沼謙一著作集Ⅲ』(信山社・二〇〇五年)で詳論されている。
(46) このような事情を法的評価の考慮要素にすべきと主張する論考に、前掲・榊原「連帯ユニオン関西生コン支部(刑事・大阪二次)事件」二〇〇頁がある。

(47) 籾井常喜『経営秩序と組合活動』(総合労働研究所・一九七五年)二八〇頁以下。
(48) 中窪裕也・前掲「団体行動権の意義と構造」一五四頁。
(49) 前掲『争議権論(一)蓼沼謙一著作集Ⅲ』三一六頁。

第Ⅰ部　大阪ストライキ事件

大阪ストライキ事件◉概要

宇部三菱大阪港SS事件

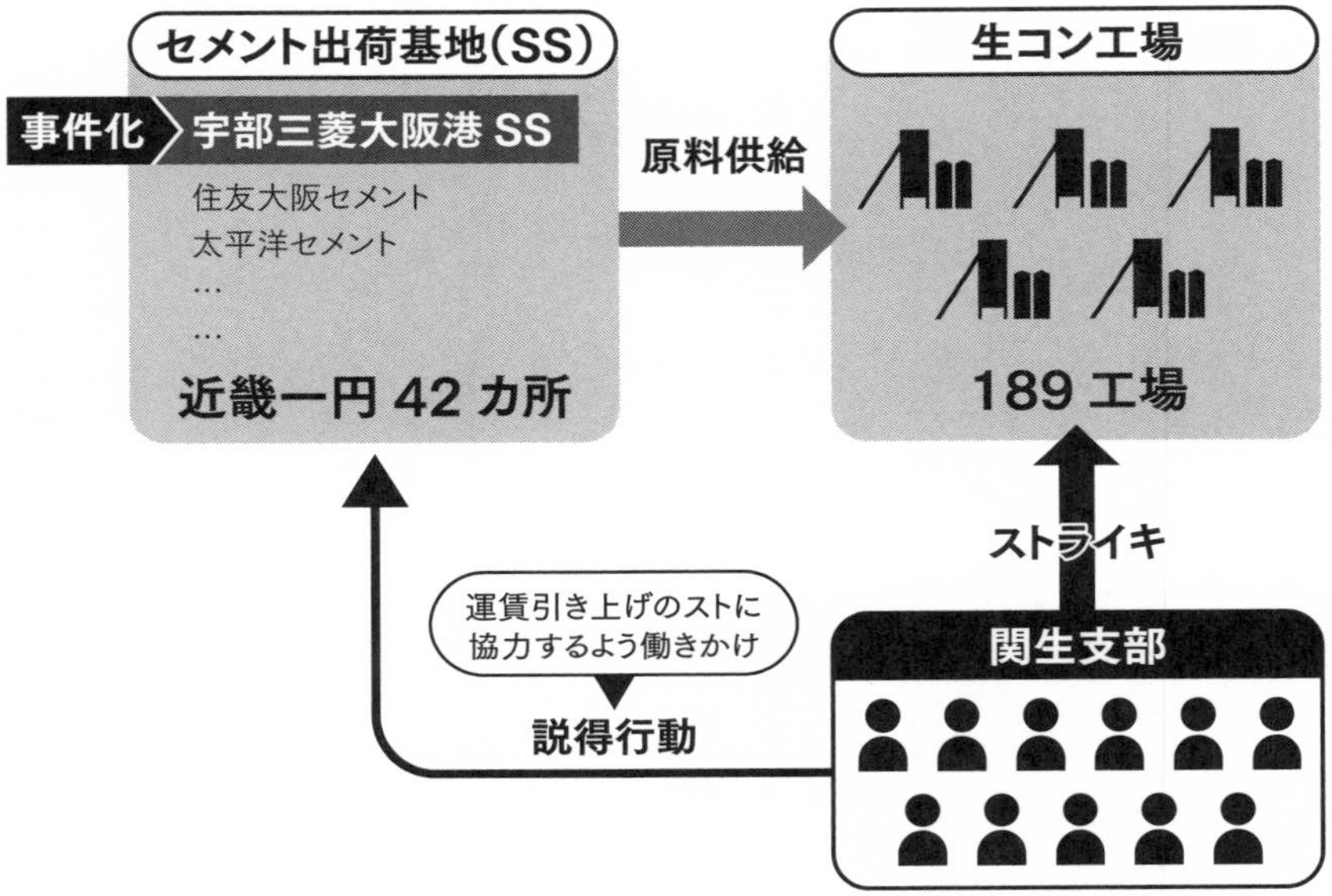

中央大阪生コン事件

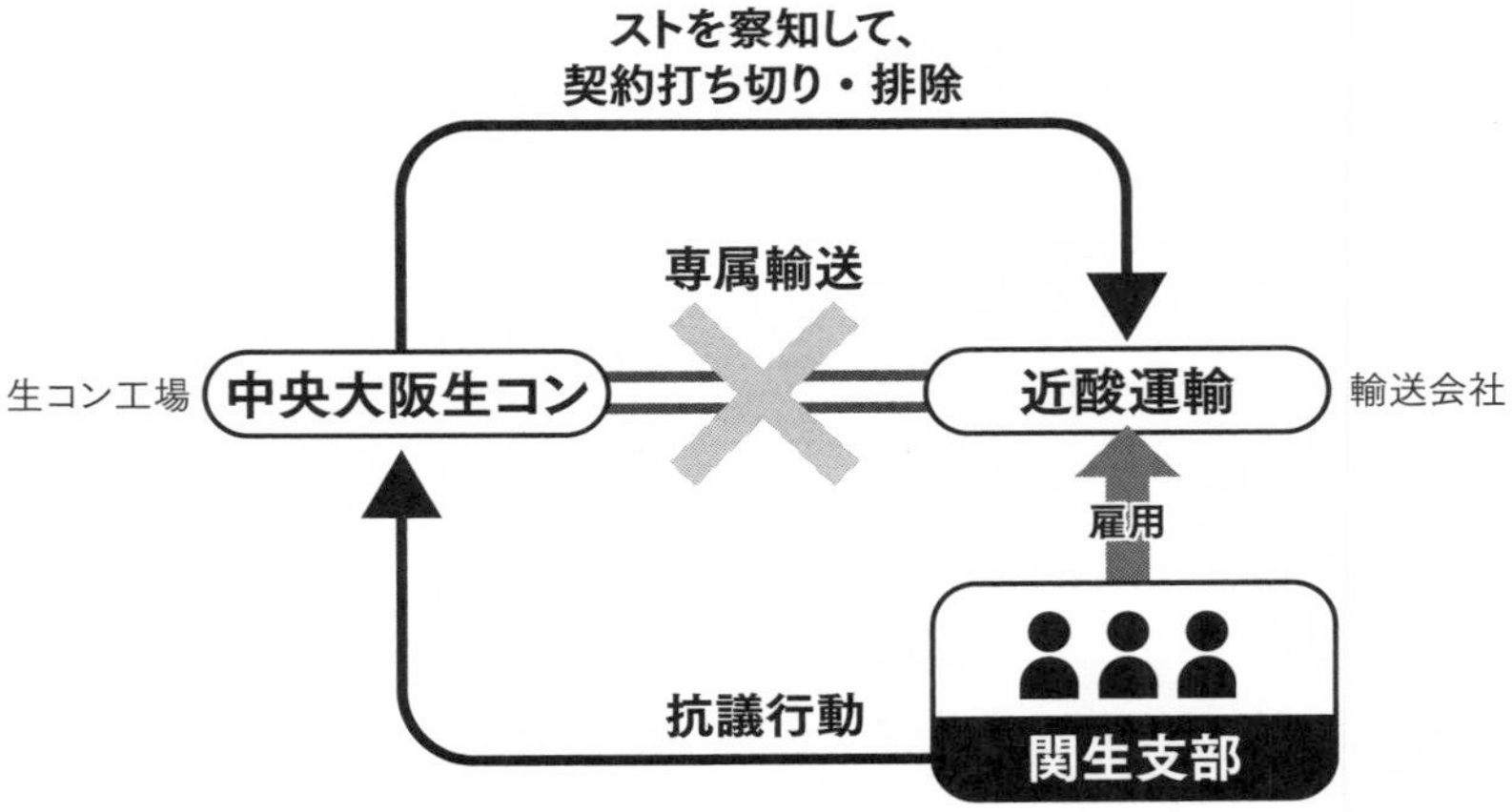

1 関西生コン大阪二次事件・控訴審判決について

大東文化大学名誉教授
古川陽二

大阪高裁は、大阪二次事件において被告人らを有罪とした一審判決を維持する判断を下した。ある程度予測された結論ではあるが、判旨には重大な問題が内包されているので、以下、手短に論じてみたい。

一 団体行動の「正当性の判断基準」に潜む論理矛盾

控訴審判決によれば、労働組合の団体行動は「直接労使関係に立つ者の間の団体交渉に関係する行為でなくとも、憲法二八条の保障の対象に含まれる」のであるから、「これを行う主体、目的、態様等の諸般の事情を考慮して、社会通念上相当と認められる行為に限り」、その正当性が認められるとされている。産業別労働組合の団体行動への基本権保障の可能性を期待させる判示ではある。

しかし、そうした期待は、その前段に置かれた、「争議行為とは異なり、直接労使関係が存在しないことからすれば、そのような団体行動を受ける者の有する権利・利益を不当に侵害することは許されない」との一文によって、はかなくも打ち砕かれてしまう。「労使関係」(=労働契約関係)が存在する場合には、労働基本権保障の効果として、当該団体行動には刑事免責という特権が認められるが、本件のように関生支部組合員との間に「労使関係」(=労働契約関係)が存在しない者を相手方とする場合には、免責特権が否定され、自由権的効果しか認められない以上、相手方の自由を制約する団体行動は、刑事責任を免れないというのが本判決の核心だからである。基本権保障の効果の可能性を示唆しつつ、その適用を否定するに等しい本判決の論理は、憲法二八条の法意を矮小化するものというほかない。

二　あまりにも緩やかな「共謀」認定の問題性

裁判実務においては、共謀罪の成立要件が緩和傾向にあることがつとに指摘されてきた。本判決も、一定の実力行使に至る可能性が高いことが「被告人両名を含む関係する関生支部組合員らには当然予想できていた」とし、また、その手段・方法も関生支部内部で共有され、「被告人Nにおいて、現場の組合員の行動が威力業務妨害にならないようにするための具体的な指示を出してはいない」などとして、共謀の成立を認めている。

しかし、不法投棄罪について共謀の認定を薄めたとされる最高裁判例(平一九・一一・一四)ですら、不法投棄に及ぶ「可能性を強く認識」していることが必要とされている。また、それ以前の最高裁判例(平一五・五・一)では、拳銃所持の共謀の成立については、「概括的とはいえ確定的に認識」していたことが要件とされていた。本判決が、「当然予想できた」とか、「威力業務妨害にならないようにするための具体的な指示を出してはいない」ことをもって、被告人Nが業務妨害に至ることを認識していたとするのは、判例法理の不当な拡張といわなければならない。

三　上告審に向けて

団体行動の法的評価については、本判決の判断枠組みに含まれる論理矛盾を明らかにした上で、基本権保障を前提とした「諸般の事情」論の展開を通して、関生支部の団体行動の正当性を主張していく必要がある。また、共謀の認定については、判例違反の主張が欠かせないが、労組法一条二項には、団体行動に通常随伴する組合役員の行為の保護が含まれることも併せて主張する必要があろう。

2　関西生コン大阪二次事件・鑑定意見書

古川陽二

はじめに

私は、被告人らが本件控訴を提起するに当たり、大阪地方裁判所平成三〇年（わ）第四七二五号威力業務妨害被告事件について、同裁判所第一一刑事部が令和二年一〇月八日付けで宣告した判決（以下、「原判決」という。）において摘示する第1、第3及び第4の各行為（大阪港サービスステーション〈以下、引用文中以外では「SS」という。〉における全日本建設運輸連帯労働組合関西地区生コン支部〈以下、「関生支部」という。〉の団体行動）の法的評価について、労働法研究者としての見解を求められた。

そこで、以下に私見を開陳し、貴裁判所における上記各行為の法的評価の参考に供したい。

一　原判決の問題点

1　判旨

原判決は、(ア)「威力業務妨害罪における『威力』とは、人の自由意思を制圧するに足りる勢力をいい、『威力を用いて業務を妨害する行為』とは、行為の態様、行為当時の状況、業務の種類等を踏まえて、一般人であれば心理的な威圧感を覚え、円滑な業務の遂行が困難になるような行為を意味すると解される」(一一頁)との一般論を提示した上で、判示第1、第3及び第4の各行為について、(イ)「関生支部組合員らは、大阪港サービスステーションの北側出入口付近に集合し、平成二九年一二月一二日については……約一五時間、同月一三日については……約九時間、バラセメント車の前方に立ちはだかったり、取り囲んだりするなどしてその走行を物理的に妨げ、道路上に停車せざるを得なくさせ、その結果、植田組及びダイワNのバラセメント車は、大阪港サービスステーションへの入出場が妨げられ」、また、「関生支部組合員らの前記行為は、多数で一斉に行われるとともに、大声で乱暴な言動を伴うものであったから、心理的な意味においても、植田組及びダイワNのバラセメント輸送業務を強烈に阻害したと認められる」から、「これが威力業務妨害罪における『威力』に該当することは明らか」であり、「行為の態様、行為当時の状況、業務の種類等を踏まえれば、関生支部組合員らの前記行為が、威力を用いて植田組及びダイワNのバラセメント車の輸送業務を妨害した行為に該当する」(一二頁)などとして、威力業務妨害罪の構成要件該当性を認めている。そして、(ウ)本件各実行行為は、「業務妨害行為の態様が強度であること、植田組点……は、関生支部との関係で争議行為の対象となる使用者とはいえないことに照らせば、判示各実行行為が正当行為としてその違法性が阻却される余地はない」（二四頁）として、刑法三五条の不適用を宣言している。

２　原判決の問題点

まず、(ア)の「威力を用いて業務を妨害する行為」に関する判示部分は、心理的威圧の要素・程度を威力行使の要件とせず、威力業務妨害罪の「処罰範囲は拡張傾向にある」[1]とされる裁判例の傾向とは異なり、大阪地裁の威力業務妨害被告事件（大阪地判平二六・七・四判タ一四一六号三八〇頁）などの判旨に沿ったものと思われ、それ自体としては評価されてよいように思われる。しかし、当日の様子を録画した動画データを参照する限り、ときに押し合いになったり、声を荒げるなどの状態があったことは事実であるとしても、会社側関係者の対応を顧みることなく、関生支部組合員の行動にのみ焦点を当てて、「大声で乱暴な言動を伴うもの」であったと決めつけるのは公平性に欠けるばかりか、本件団体行動の態様をもって、(イ)のように、心理的な意味でバラセメント輸送業務を「強烈に阻害」するものであったと断定するのは暴論といわざるを得ない。

次に、原判決が、(ウ)の「各実行行為が正当行為として威力業務妨害罪の違法性を阻却される余地はない」との判断の根拠として掲げる「業務妨害行為の態様が強度であること」、及び、「植田組……は、関生支部との関係で争議行為の対象となる使用者とはいえないこと」については、以下の点を指摘したい。

第一は、原判決が関生支部による行動を植田組等に対する「争議行為」と捉えている点についてである。

原審における「被告人側弁論要旨」が、これを「団体行動」と位置付け、その正当性を主張していたのとは対照的である。しかも、原判決は、別の箇所では、「植田組……は関生支部の組合活動の対象となる使用者ではない」（二五頁。傍線部——引用者注）とも述べている。講学上、団体行動が狭い意味の団体交渉の枠を超えるものであること、また、「争議行為」と「組合活動」は概念的に区別され、「正当性」の判断基準も異なり得るとの理解が定着している。それにもかかわらず、これらの点を顧みず、何らの理由も示すことなく本件行為を争議行為と決めつける原判決の立論からは、労働組合の団体行動と労働法学への無理解ないしは軽視の姿勢がうかがえる。

第二は、ひとまず本件行為を「争議行為」と仮定したとしても、植田組等には「関生支部組合員が存在しない」あるいは「実質的な労使関係を認め得るような関生支部組合員の存在はうかがわれない」との説示から読み取れる、いわゆる「労働契約基準説[2]」にいう「使用者」性の判断基準をもって、本件行為は「正当行為として威力業務妨害罪の違法性を阻却される余地はない」との結論を導く原判決の論旨は強引というほかない。労組法上の「使用者」概念は、使用者の団結権侵害行為を不当労働行為として禁止する労組法七条の趣旨目的とのかかわりで論じられてきたものであって、団体行動の「正当性」の評価基準と直接的な関連性はない。しかも、「使用者」性の判断基準については、学説が鋭く対立する状況にあるにもかかわらず、原判決は、その中の一つの学説にすぎない「労働契約基準説」から導かれる結論を、何の説明も加えることなく援用しているにすぎないのである。

第三は、本件行為が「産業別労働組合」である関生支部によって行なわれたという行為主体の特性・機能について、考慮された形跡が原判決からはうかがえないことである。憲法二八条や労組法は、組織形態・種類のいかんにかかわらず、労働組合の団体行動を保護し、その自由な活動を保障している。したがって、産業別組合による団体行動を適切に評価するためには、企業別組合とは異なる産業別組合の目的・機能に対する洞察と、これを踏まえた解釈が必要となるはずである。そうであれば、原判決は、こうした要請に応え得る論旨を提示すべきであったのである。

第四は、違法性阻却事由（正当行為）の有無（本件行為の「正当性」）に関する判断部分の内容が、威力業務妨害罪の構成要件該当性に関する判示の繰り返しにすぎないこと、また、関生支部の団体行動を取り巻く周囲の客観的状況、とくに相手方の対応について、ほとんど触れるところがないことである。原判決のこうした姿勢は、労働法規範ないし憲法二八条を頂点とする労働法体系と、その下で構築されてきた団体行動の「正当性」に関する法理を看過するものであり、本件行為を他の一般市民法上の行為と同列に扱うという点において、重大な問題をはらんでいるといわなければならない。

このように、原判決を一瞥しただけでもさまざまな疑問点や問題点が含まれている。そこで、以下では、最初に労働組合による団体行動の法的評価の視点について述べ、しかる後に本件団体行動の法的評価について論ずることとする。

二　団体行動権の保障と団体行動の「正当性」の評価視点

1　憲法二八条・労組法の団体行動権保障と労働法上の「正当性」の意義

(1)　憲法二八条・労組法の団体行動権保障の意義

憲法二八条は、団結権、団体交渉権と並んで団体行動権を基本的人権として勤労者（労働者）に保障している。労働者団結がその主張を示威しあるいは要求を実現するために行う団体行動、なかでも争議行為は、使用者の業務を阻害するだけでなく、一般公衆や国民経済の運営にも重大な影響を及ぼすこともある。そのため、団体行動は、歴史的にはまず刑事責任が科され、刑事責任からの解放が実現された後にも、契約違反あるいは不法行為を理由とする損害賠償責任の追及や差止命令による抑圧を受けてきた。憲法二八条とこれを受けた労組法が団体行動の権利を保障することになったのは、こうした経緯を踏まえて、使用者との関係において従属的立場にある労働者が経済的地位の向上や労働条件の決定に実質的に関与していくことが不可欠と考えられたからである。

(2)　労働法上の「正当性」の意義

団体行動権の保障の対象となる団体行動には、争議行為と組合活動が含まれる。団体行動としての争議行為と組合活動は、「正当性」を有することを要件として、前者は争議権によって、後者は組合活動権によって、それぞれ保護される。[3] 団体行動権が、個々の団体行動の市民法上の違法性を除去するために確立されてきたことからすると、「正当性」とは、市民法上の違法効果を打ち消し、憲法二八条及び労組法の団体行動権保障の範囲（限界）を画するための労働法上の概念ということができる。労組法は、このことを、「刑事免責」（労組法一条二項）、「民事免責」（八条）及び「不利益取扱いの禁止」（七条一項）の三つの側面から規定している。

刑事事件である本件に即していえば、労組法一条二項は、「刑法……三五条の規定は、労働組合の団体交渉その他の行為であって前項に掲げる目的を達成するためにした正当なものについて適用があるものとする。」と定め、憲法二八条の内容を確認している。同項は、文言上、保護の対象を争議行為に限定していないので、正当な組合活動にも刑事免責が及ぶことはもちろんである。したがって、違法性阻却説に従えば、正当な団体行動は、「正当行為」（刑法三五条）として、犯罪成立要件の一つである違法性が阻却されることになる。

もっとも、労働法規範ないし憲法二八条を頂点とする労働法体系の特殊性・独自性を強調する学説にあっては、団体行動、なかでも争議行為の「正当性」を市民法上の違法性とは区別される労働法上独自の概念として位置づけることにより、団体行動が基本権の行使として原則的合法性を獲得した今日では、正当な団体行動は刑法上の構成要件や不法行為等の法律要件の該当性が阻却され、あるいはこれらの該当性の評価自体が排除されるとする考え方が強力に主張されてきた(4)。本稿では、この点について立ち入って論ずることは差し控えざるを得ないが、この立場によれば、労働法上の「正当性」判断が先行し、正当性が否定された場合にはじめて構成要件該当性が問題とされることになる。他方、違法性阻却説によれば、構成要件該当性がまず問題とされ、構成要件に該当するとされた場合でも正当性が肯定されると違法性が阻却されて犯罪の成立が否定されることになろうが、いずれの立場に立とうとも、当該行為の「正当性」の有無が重要な論点となるから、その判断に当たっては、憲法二八条及び労組法の趣旨に照らして、当該行為の目的、態様、当該行為を行なうに至った経緯、当該行為の相手方の態度等が十分考慮されなければならない。

2 団体行動の「正当性」とその評価の視点

(1) 団体行動の「正当性」の一般的基準

団体行動は、争議行為と組合活動とに分けられる。しかし、労組法には、これらについての定義規定がない。そのため、両者を概念上どのように区別するかが論点[5]となるが、概していえば争議行為以外の行動が組合活動であると解されており、また、それらの「正当性」は、「主体」、「目的」、「態様」の三つの角度から判断されるという点に関する限り、異論はない。

「争議行為」は、意図的に業務阻害を発生させ、使用者に損害を与える圧力手段それ自体が憲法二八条によって法認されているため、少なくとも労務提供拒否行為(ストライキ)に関する限り、「正当性」が認められることを条件に、原則的な適法性が確立している。これに対して、「組合活動」は、(ア)労働組合の日常的な組織運営のための活動、(イ)組合員や公衆などに対する情報宣伝活動、(ウ)闘争的活動など、平穏なものから対決的なものまで多種多様である。これらのうち、(イ)や(ウ)の活動は、争議行為ほどではないにしても、ときに市民法秩序との抵触が問題となり得るが、それらが労働者の経済的地位の向上を主たる目的とする活動であれば団体行動権(組合活動権)の行使として広く「正当性」を認め、一定の範囲で市民法上の責任を排除して保護しようというのが法の立場である。[6]

(2) 団体行動の「正当性」の評価視点

団体行動の「正当性」評価の視点を考えるに当たって「反面教師」といえるのは、教育社労働組合事件（東京地判平二五・二・六労判一〇七三号六五頁）である。労働組合による街宣活動等の正当性が論点となったこの事件において、東京地裁が「団体的労使関係といえども、労働者の労働契約関係上の諸利益についての交渉を中心として展開するものであるから、労働契約関係をその基盤として成立するのが通常であり、そうでないとしても、労働契約関係に近似ないし隣接した関係をその基盤として必要とするものというべきである」との立場から、「労組法上の使用者とは認められない」会社に対する組合活動としての街宣活動等の法的保護を否定したことに対して、学説は、「団体行動というものに対する無理解[7]」であるとの強烈な批判を浴びせたからである。

上記1で簡単に触れたように、労組法上の「使用者」性の判断基準について、「労働契約関係に近似ないし隣接した関係」を求めるのは、あくまで一つの考え方にすぎず、それ自体、議論の分かれるところであるから、これをもって労働者や労働組合が憲法二八条や労組法の保護を失ってしまうということはできない。団体行動は、狭い意味の団体交渉の枠を超えるものであり、他社の労働者等に対する説得活動や情宣活動を含めた自主的な活動の余地はいくらでもあり得るからである。そのような場合において、第三者を保護する必要が生ずるのはもちろんであるが、これをアプリオリに団体行動権の埒外に追いやってしまうのではなく、行為の目的・態様や当該団体行動をめぐる具体的な関係等を吟味し、他の保護法益との調整を図りながら、その正当性の有無が検討されなければならないのである。[8]

(3) 「産業別労働組合」と団体行動の正当性の評価視点

「企業別組合」が支配的なわが国では、労働組合の団体行動は組合員を雇用する企業（使用者）を対象として行なわれるのが一般的である。これに対して、「産業別労働組合」は、特定企業に雇用される組合員の労働条件の維持改善にとどまらず、当該産業・職業における横断的な基準の設定をめざした団体行動を志向するところに特徴があり、その行動が組合員を雇用していない企業（やそこで働く労働者）に向けられることがある。本件も、産業別組合である関生支部による団体行動なのであるから、こうした組織の目的や機能に即してその正当性を評価することが必要となるが、その際に踏まえておくべきは、次の二点である。

① 「産業別組合」の労働基本権享有主体性

憲法二八条及び労組法は、労働基本権の享有主体について、労働組合の形態・種類による異別を設けていない。したがって、産業別労働組合といえども、「労働組合」の要件[9]を満たしているかぎり、団結権、団体交渉権及び団体行動権を行使することができるところ、関生支部は、労組法五条一項に基づき、大阪府労働委員会から法適合組合としての資格を認定されているのであるから、労働基本権の享有主体であることは明らかである。

② 労働基本権保障の本旨と「産業別組合」による団体行動の正当性

産業別労働組合による団体行動の正当性が真正面から論じられたものに、東海商船（荷役）事件（東京地判平一〇・二・二五労判七四三号四九頁）がある。この事件では、産業別労働組合の活動が直接労使関係に立つ者との間の団体交渉に関係する行為でなくても、「労働条件の改善を目的」とした団体行動であると認められる限り、憲法二八条の保護の対象となり得ることが宣言されている。すなわち、東京地裁によれば、

憲法二八条の労働基本権保障の本旨が「直接労使関係に立つ者の間の団体交渉に関係する行為を保障の本体とするものであることは疑いがないが、労働条件は、現実に存する社会、経済その他の要因によって大きく左右され得るものであり、そのような外的な枠組みの中で行われる労使間の団体交渉によって具体的に決定されるものであるという実質を考えると、労働組合が労働条件の改善を目的として行う団体行動である限りは、それが直接労使関係に立つ者の間の団体交渉に関係する行為ではなくても、同条の保障の対象に含まれ得るものと解するのが相当である。すなわち、同条の保障の対象は、労働契約関係にある労働者と使用者との間の労働契約関係の内容をなす労働条件に関し、労働者が団結して労働組合を組織し、これを自主的に運営する行為、争議行為その他の団体行動並びにその労働組合が使用者との間において行う団体交渉及びこれに直接関係する行為が本体となるが、それだけでなく、右労働条件の改善を目的として労働組合が直接には労使関係に立たない者に対して行う要請等の団体行動も、同条の保障の対象となり得るものと解するのが相当である」とされている（傍線部――引用者注）。

この判決で注目したいのは、「労働条件は、……外的な枠組みの中で行われる労使間の団体交渉によって具体的に決定されるという実質」に着目し、産業別労働組合による団体行動権の行使が認められる余地を広く捉えている点である。判決が提示した正当性の評価視点は、控訴審（東京高判平一一・六・二三労

判七六七号二七頁）でもほぼ全面的に維持され、また、その後のフジビグループ分会組合員ら（富士美術印刷）事件（東京高判平二八・七・四労判一一四九号一六頁）でもほぼ同様の判断が示されている。したがって、この判決は、関生支部による団体行動を評価する際の指針となる先例ということができる。[10]

三　本件団体行動の「目的」面での正当性の評価

1　本件団体行動の本質と「目的」面での正当性の評価

(1)　原判決の判断の誤り

上記一で述べたように、原判決は、本件団体行動を「争議行為」と把握していた。しかし、原判決が、本件団体行動を争議行為と捉えた理由は判然としない。結論部分において、植田組等は「関生支部との関係で争議行為の対象となる使用者とはいえない」と述べているにすぎないからである。

推測するに、原判決は、争議行為とは業務阻害（妨害）行為のことをいい、かつ、争議行為は団体交渉の当事者となり得る者が主体となって行なわれるものでなければならないとの理解を所与の前提としたのであろう。このような観点に立つ限り、関生支部組合員とは雇用関係にない植田組等に対して行なわれたバラセメント輸送業務の妨害行為に正当性が認められる余地などあり得ないことになるからである。換言すれば、争議行為という位置づけは、本件団体行動の「正当性」を否定するための、いわば「結論ありき」の立論であったといっても過言ではない。

しかし、こうした原判決の立場は、本件団体行動の本質・性格を見失うものである。原審における「被告人側弁論要旨」第3―6―(2)の「本件団体行動戦術」によれば、「労働者の賃金の原資となる生コンやバラセメントの輸送運賃の引き上げを実施させることが主たる目的」とした本件団体行動は、(ア)「生コン及びバラセメントなどの輸送業務に従事する組合員がストライキに参加することにより組合員の就労する生コン工場において生コンやバラセメントの輸送をできなくする」とともに、(イ)「ストライキに参加する組合員がセメントメーカーのサービス・ステーション（以下「SS」という）に赴いて、SSに出入りするバラセメント車の運転手にストライキへの参加を呼びかける」（二九頁）ものであったとされている。すなわち、「バラセメントの輸送が止まると、セメントを原料とする生コンの製造にも影響が出てくることから、輸送運賃を決めることができる生コン製造業者に対するプレッシャーをかけること」（二九頁）が可能となる。しかし、「生コン産業の特質上、関生支部が、組合員と直接雇用関係にある個別の企業を相手として交渉したりストライキをしたりしたところで、輸送運賃の値上げを実現することは不可能な状況である」（第8―3―(1)―ウ　五五頁）ことから、関生支部は、「①バラ車のドライバーに対して『スト』への協力を求め、バラセメント輸送を拒否してもらう、②SSから生コン製造会社に対するセメントの供給が止まる、③広域協の加盟社である生コン製造会社に生コンの材料が供給されなくなり生コンを製造できなくなる、④加盟社が広域協に対して関生支部に対して譲歩するよう求める、⑤広域協に足下から輸送運賃値上げの圧力をかけることができるという流れ」（五六頁）を想定して、SSのバラセメント輸送停止を呼びかけたというのである。したがって、関生支部組合員が、その雇用する使用者に対するストライキと併行して行なった、組合員がいないSSにおける本件団体行動については、「広域協という関西のほぼ全ての生コン製造会社で組織された巨大な事業協同組合に対し、少ない人員で最大の効果を上げるための唯一の戦略[11]」(五六頁)であったという点にこそ着目すべきなのである。

(2) 本件団体行動の「目的」面での評価

争議時に労働組合が行なうその他の説得活動や圧力行動をどのように把握すべきかについては、これまでほとんど検討が行われてこなかった。当該活動は「組合活動権によって保護されうる行為[12]」と理解すべきとの考え方がある一方で、「争議行為に付随する行為(使用者への争議行為の一環)」として把握すべきであるとの考え方[13]が散見されるにすぎない。

思うに、問題となっている団体行動を正しく把握するためには、当該行動の本質に即して理解する必要がある。原審における「被告人側弁論要旨」を長々と引用してきたのは、そのような考えがあったからである。

上述したように、関生支部組合員を雇用する使用者に対するストライキと、SSの門前等におけるバラセメント車運転手に対する団体行動は、ともに関生支部組合員による行動であるが、後者は、それによって結果的にバラ車の入構が阻害される事態が招来されたとしても、前者のストライキを維持し又は強化するための(争議)手段として行なわれたわけではない。ましてや、これを「二次的争議行為[14]」という範疇で捉えることが不適当であることは、前掲・東海商船(荷役)事件が指摘しているとおりである。しからば、本件団体行動は、「生コンやバラセメントの輸送運賃の引き上げを実施させる」ことによって労働者の賃金を引き上げるという目的の下、産業別組合である関生支部が、SS等において、非組合員(バラセメント車運転手)に対する情宣・説得のための行なった団体行動(組合活動)として把握されなければならない。そして、「労働組合が労働条件の改善を目的として行う団体行動である限りは、直接労使関係に立つ者の間の団体交渉に関係する行為ではなくても、同条（憲法二八条――引用者注）の保障の対象に含まれ得る」（前掲・東海商船（荷役）事件）のであるから、本件団体行動は「目的」面での正当性が認められてしかるべきことになる。すでに述べたように、学説においては、争議行為以外の団体行動の中には業務阻害性を有するものもあり得ること、また、労働者の経済的地位の向上を主たる目的とする団体行動には広く「正当性」が認められるという理解が定着している。しかるに、原判決は、業務阻害性の有無をもって争議行為の特性と解し、これをもって組合活動と区別する指標としたばかりか、団体行動の「目的」面における正当性評価の視点においても、誤謬を重ねてしまったといわなければならないのである。[15]

2 補論：本件団体行動の主体である関生支部と植田組等との関係

これまで述べてきたことからすれば、本件団体行動の「目的」面における正当性が問題とされる余地はないことになる。しかし、念のために、本件団体行動の主体である関生支部と植田組等との関係についても、付言しておきたい。

(1) 本件団体行動の実施に至る経緯

関生支部は、生コン製造販売会社によって結成された大阪広域生コンクリート協同組合（以下、「大阪広域協組」という。）、関生支部等の労働組合が加盟する関西生コン関連労働組合連合会（以下「連合会」という。）との交渉窓口として、大阪広域協組が組織する生コン製造・販売業者が多く加盟する大阪兵庫生コン経営者会（以下、「経営者会」という。）、及び、近畿バラセメント輸送協同組合（以下、「近バラ協」という。）等のセメント及び生コンクリート産業関連団体（以下、これらを併せて「大阪広域協組等」という。）が、セメント及び生コンクリート産業関連企業を組織する地域において、それら地域に拠点を置くセメント及び生コンクリート産業関連企業及びその団体を相手方とする団体行動を行なう一方で、大阪広域協組等との間で協力関係を構築してきた（いわゆる「一面共闘一面闘争」）。

こうした関係の中で本件団体行動の意義を理解するためには、二〇一七（平成二九）年四月一日に経営者会と連合会との間で締結された「平成29年度春闘要求に関する協定書」（以下、「本件協定書」という。）が重要である。本件協定書には、賃金改定等の労働条件の改善に関する事項のほか、生コン輸送運賃の最低基準の確立やバラセメント輸送運賃の引上げに関する経営者会の取引先メーカーへの発信等について、両者間で合意された旨が記載されていたからである。ところが、約束されていた生コン・バラセメントの輸送運賃の引上げ等は実行されなかった。そこで、関生支部は本件団体行動を行なうことを決定し、また、同年一二月六日には、近バラ協との間で集団交渉が開催されているが、そこでも生コン・バラセメント輸送運賃の引上げ等の約束は得られなかった。こうした経緯を踏まえて、関生支部は、同月一一日、関生支部が経営者会に対し、輸送運賃の引き上げと大阪広域協組の民主化を求める無期限ストライキの実施を通告し、翌一二日からは関生支部組合員を雇用する使用者に対するストライキと本件団体行動を実施することとなったのである。

(2) 本体本件団体行動の主体である関生支部と植田組等との関係

本件協定書を締結した「経営者会」は、労組法一四条にいう「使用者……の団体」という立場にはない。しかし、中労委命令[16]にもあるとおり、経営者会は、その加盟団体及び企業から交渉権及び妥結権を委任された団体（労組法六条）であることが明らかであるから、関生支部と経営者会との間の本件協定書には、労働協約としての法的性質が認められる。

本件協定書の履行義務を負うのは、第一義的には、経営者会に加盟する団体及び企業[17]である。しかし、関生支部の組合員がおらず、また、本件団体行動当時、近バラ協にも加入していなかった植田組、その下請会社の寿運送及び近畿トランスポート、並びに中央大阪生コンから運送業務を請け負っているダイワN通商（の粉粒体運搬車の運転手）も、本件協定書の内容に関して、利害関係を有する立場にあったということができる。

その理由の第一は、関生支部が履行を求めた本件協定書が産業別労働協約であるという点である。産業別労働協約としての本件協定書は、たとえ地域的一般的拘束力（労組法一八条）が宣言されていなくても、当該産業に属する企業の労働関係にとっては「ひな型」としての意義を有する。本件協定書の当事者でない企業や団体は、これと同内容の労働協約（承認協約）を締結することにより、あるいは、本件協定書の当事者ではない労働組合の組合員がいない企業や団体は、その雇用する労働者との間の労働契約において、本件協定書の規範的部分を参照する条項（参照条項）を置くことにより、本件協定書の内容は当該産業全体に波及していくことになるから、関生支部が、団体行動権を行使することによって、義務的交渉義務を負わない使用者に対しても、当初の当該労働協約である本件協定書と同内容の承認協約や参照条項を置く

よう要求するのは当然のことということができるのである。(18)

第二に、関生支部と植田組（及びその下請である寿運送及び近畿トランスポート）やダイワN通商との関係についてみるに、植田組は、セメント大手の宇部興産の関連会社であり、国内セメント販売量では業界第二位の座を占める大企業として、セメント業界における価格競争力を維持するために、物流・販売部門等においてさまざまな施策を展開している宇部三菱の専属運送会社として、SSの管理やバラセメント輸送業務等を行なっており、宇部三菱の組織に完全に組み込まれた存在である。こうした事実があるからこそ、関生支部の執行委員大原及び中尾は、二〇一七（平成二九）年一二月八日に植田組を訪問し、江袋社長に対し、バラセメントと生コンの輸送運賃の引き上げのためにストライキを実施するので協力してほしいこと、セメント出荷の妨害はしないがバラ車運転手への説得行為をすることなどを申し入れている。しかし、江袋社長は、協力を拒否し、同月九日及び一一日には、本件団体行動に備えて、通常二倍近くの数量のバラセメントを取引先に事前に輸送しただけでなく、同月一二日からの団体行動への対策として、プラカードやロープ、ビデオカメラ等を用意し、また、植田組から連絡を受けた宇部三菱セメントは、現場統括、対応係、記録係などの役割を決めた社員一〇名ほどをSSへ派遣して、本件団体行動に対する体勢を整えていた。本件団体行動に対して江袋社長らが採ったとされる一連の行動は、関生支部組合員等の賃上げにとって不可欠とされるバラセメント輸送運賃引上げを妨げる影響力を行使することになったばかりか、宇部三菱と一体となって行なわれた関生支部の団体行動に対する対抗行為としての性格を有していたということができる。また、ダイワN通商については、大阪広域協組の代表者が経営する会社であり、地域の大部分の生コン製造業者を組織し、ゼネコン等から一括して受注・販売する生コンの出荷割合を加盟各社に指示する大阪広域協組に加盟する中央大阪生コンの輸送業務を行なっていたという事実に着目する必要がある。[19]

四　本件団体行動の「態様」面での正当性の評価

1　団体行動の「態様」面での正当性評価における留意点

学説においては、わが国の労働組合のほとんどが「企業別組合」であることを前提にして、争議行為以外の団体行動は、その「主体」や「目的」の点では正当性が広く解される一方で、それが労務不提供を伴わない日常的な活動であることから、「態様」面では労働契約上の義務の履行や使用者の施設管理権等とのかかわりで一定の制約を免れないとされてきた。

しかし、「産業別組合」である関生支部によって行なわれた本件団体行動には、労働契約上の義務の履行等にかかる制約は妥当しないし、それが行なわれた場所は敷地外（公道上）であるから、施設管理権の面で問題となる余地もまたない。そして、団体行動としての組合活動の中には業務阻害性を有するものもあり得るのであるから、その一部に純然たる言論活動を超える部分や業務阻害性を帯びる部分があったとしても、当該行動の目的や態様等を総合的に考慮して、それが「労働者の経済的地位の向上」という正当な目的を達成するための手段として社会通念上許容されるべきであると認められる場合には、その正当性が原則的に肯定されなければならない。

2　本件団体行動の「態様」面での正当性の評価

(1)　原判決の判断の不可解さ

原判決は、「判示各実行行為の態様は、前記各業務を強烈に阻害するものであった」こと、及び、「植田組……は、関生支部との関係で争議行為の対象となる使用者とはいえないこと」の二点を挙げて、本件団体行動の違法性が阻却される余地はないとの結論を導いていた。後者の、植田組が関生支部との関係で争議行為の対象となる使用者とはいえないとしていることの問題性については、上述したところであるのでここでは触れない。

問題は、本件団体行動の「態様」が「前記各業務を強烈に阻害するものであった」との判断として摘示された考慮事実、すなわち、(ア)「走行するバラセメント車又はミキサー車の前方に立ちはだかり、その周りを取り囲むなどして植田組及びダイワNのバラセメント輸送業務を妨害した」、及び、(イ)「関生支部組合員らが、植田組関係者との間で、時折声を荒げたり、もみ合いになったり、押し合いになったりする場面が生じている」という点である。上記一―2で触れたように、これらは、威力業務妨害罪の構成要件該当性に関する判示を繰り返したにすぎず、原判決は、違法性阻却事由（正当行為）の有無、すなわち本件団体行動の「態様」面での正当性の判断を、事実上、放棄したものといわざるを得ない。

しかし、その点はひとまず置くとして、原判決の本件団体行動の「態様」面における正当性の有無の判断において、肝心要の点が欠落していることは看過できない。それは、本件とは事案を異にするが、ピケッティング（争議行為）の正当性が論点となった代表的な判例を参照すれば直ちに明らかとなる。すなわち、三友炭鉱事件（最三小判昭三一・一二・一一刑集一〇巻一二号一六〇五頁）では、「暴行、脅迫もしくは威力をもって就業を中止させることは、一般的には違法である」が、「しかし、このような就業を中止させる行為が違法と認められるかどうかは正当な同盟罷業その他の争議行為が実施されるに際しては特に諸般の事情を考慮して慎重に判断されなければならない」（傍点――引用者注）とされていた。また、ピケッティングの正当性に厳しい制約を課したといわれる国労久留米駅事件（最大判昭四八・四・二五刑集二七巻三号四一八頁）でも、「勤労者の組織的集団行動としての争議行為に際して行なわれた犯罪構成要件該当行為について刑法上の違法性阻却事由の有無を判断するにあたっては、その行為が争議行為に際して行われたものであるという事実をも含めて、当該行為の具体的状況その他諸般の事情を考慮に入れ、それが法秩序全体の見地から許容されるべきものであるか否かを判定しなければならない」（傍点――引用者注）とされている。しかるに原判決は、本件団体行動の「態様」の問題性をことさらに述べ立てるだけで、当該行為の正当性判断において不可避とされる当該行為を取り巻く諸事情が考慮された形跡がまったくうかがえないのである。

(2) 本件団体行動の「態様」面での正当性判断において考慮すべき諸事情

では、本件団体行動の「態様」面での正当性（違法性阻却事由の有無）を判断するに当たって考慮すべき諸事情とは、いかなるものなのであろうか。

この点については、やはりピケッティングに関する事案においてではあるが、山陽電気軌道事件（最二小決昭五三・一一・一五刑集三二巻八号一八五五頁）では、考慮すべき諸般の事情として、「当該行為の動機目的、態様、周囲の客観的状況その他」が例示されている。また、下級審裁判例においては、「当該行動に至った経緯」、「時」、「場所」、「対象の状況」、「相手方または第三者の態度行動」等を考慮して判断されるべきであるとしたものなどがある。[20] これらを踏まえて考えるならば、本件団体行動の正当性を判断するに当たっては、「経緯・目的」、「態様（人数、場所、時間等を含む。）」、「周囲の客観的状況（相手方の対応・出方）」、「被害法益・損害の程度」、「社会に与えた影響」等を総合考慮することが求められることになろう。これらのうち、「経緯・目的」については、上述したとおり、本件団体行動には「目的」面における正当性が認められるので、問題となる余地はない。また、「態様（人数、場所、時間等を含む。）」のうち、場所については、公道上の行為であるから問題にはなり得ない。そこで、以下では、原審において採用された証拠等に即して、上記の点を除く諸事情について考察することを通して、本件団体行動の「態様」面における正当性について論じていくこととしたい。

① 態様

原審・江袋一史証人尋問調書及び平成三〇年（わ）第三六七四号等事件・江袋一史証人尋問調書によれば、関生支部による本件団体行動は、一二月一二日には、ナンバー1230号（近畿トランスポート・H・入場）、ナンバー1102号（近畿トランスポート・U・入場）、ナンバー1991号（寿運運送・S・入場）、ナンバー2020号（寿運送・N・入場）、ナンバー1789号[21]（植田組・O・出場）、ナンバー1879号（植田組・D・出場）の六台の車両に対して、また、同月一三日には、ナンバー1991号（寿運送・S・出場）、ナンバー1107号（寿運送・I・出場）、ナンバー白50号（ダイワN・運転手不明・入場）の三台の車両に対して行なわれたことがうかがえる。そして、本件団体行動を記録した動画データ

（原審の甲九二・九六号証）からは、大要、以下の事実を確認することができる。すなわち、

(ア)　ＳＳ正門近くにい集した組合員数は不明であるが、入出場しようとする車両の前あるいは脇に立って運転手への説得活動等を行なった組合員数は、数名、多いときでも一〇名前後であるのに対して、プラカードや拡声器、ビデオカメラ等を持った会社関係者の数は、ほぼ同数あるいはそれより多い（五名ないし一〇名）こともあったこと、

(イ)　関生支部組合員らは、各車両を停め、運転手に対し、ビラを手に「運転手さん！」「窓開けて。」とか、「ゼネストに取り組んでます。ちょっと話を聞いて下さい。ぜひバラセメント輸送運賃上げていきましょうよ。みんなで協力して一致団結して輸送運賃上げていきましょうよ。スト破りはやめて下さいよ。」などと話しかけるにすぎなかったこと（なお、運転手らは、これに応じる素振りをみせなかった。）、

(ウ)　会社関係者が車両の前にロープを張るなどして、関生支部組合員を車両から遠ざけ、運転手に対する働きかけを阻止しようとしており、関生支部組合員らとの間で、押し合いになったり、声を荒げるなど緊迫した状態がときに現出していたこと、

(エ)　各車両に対する本件団体行動が行なわれた時間は、短いものは十数分、長いものでは数時間に及んだとみられるが、計九台の車両のうち、警察の指導によるものを含めて三台は正門（北側出入口）ないし裏門（西側出入口）から入出場している。また、一台は整備不良でレッカー移動となっているから、入出場できなかったのは、計五台の車両であったということ、である。

思うに、団体行動としての組合活動の中には業務阻害性を有するものもあり得ることや、本件団体行動

が狭い意味での労使の枠を超えて行なわれたという行為の特性に鑑みるならば、実質的に相手方の自由を奪い自由意思を制圧して入構を阻止することは許されないが、一定数の関生支部組合員を集合させて行動への支持・説得・参加を求める行為は、スクラム、人垣、ジグザグデモ、妨害物などによって入構を阻止するものでない限り、結果的に、運転手に多少の心理的威圧感を与え、その自由意思にある程度の抑圧を加えることになったとしても、あるいは、会社側の営業（操業）の自由を部分的に制約することになったとしても、それらをもって直ちにその正当性を否定すべきではない。[22] また、(イ)の事実については、運転手らが説得に応じる素振りをみせなかった理由が、(ウ)の事実については、小競り合いが生じた契機・原因が、そして、(エ)の事実については、入出場できない車両があった背景事情が、次に掲げる②「周囲の客観的状況」として検討されなければならない。

② 周囲の客観的状況

団体行動をめぐる「周囲の客観的状況」として、とくに重視されるべきは相手方の出方・対応であるが、1―(2)で指摘したように、原判決はこの点について触れるところがなかった。しかし、上記三―2―(2)で述べた事情に加えて、原審・江袋一史証人尋問調書及び平成三〇年（わ）第三六七四号等事件・江袋一史証人尋問調書からは、看過できないいくつかの事実が浮かび上がる。

第一は、車両の入出場阻止が起こったのはすべて正門での出来事で、裏門からは入出場が行なわれているにもかかわらず、運転手に対して裏門を利用する指示が出されていなかったことである（平成三〇年（わ）第三六七四号等事件・江袋一史証人尋問調書六一―六七頁）。

第二は、出場できなかった車両は、注文がなかったにもかかわらず、配送先も決めずにスラグを積んで搬出しようとしていたことである（同五五―五八頁）。

第三は、ダイワNの車両が堺SSからわざわざ現場に現れた理由が不明であることである（同五三―五五頁及び原審・江袋一史証人尋問調書三〇―三三頁）。

第四は、会社側が、運転手に対して、「しゃべるなよ」、「散らしを受け取るな」等の「指示」（業務命令）を出し（平成三〇年（わ）第三六七四号等事件・江袋一史証人尋問調書四〇―四一頁）、また、上述したように、会社関係者が車両の前にロープを張るなどして、関生支部組合員を車両から遠ざけ、運転手への働きかけを阻止していたことである。

これらの事実を、プラカードやビデオカメラを用意した会社側の目的が「出荷妨害を証拠として残す」ことにあったことや、五人以上の会社関係者が「ジェットバック車の前に立つ」こと（原審・江袋一史証人尋問調書一九―二一頁）などが役割分担として植田組江袋社長らから指示されていたことと照らし合せると、本件で問題とされている事態は、周到に準備された会社側の対応によって、起こるべくして起こったということができる。

労働組合による団体行動に対して、営業（操業）の自由の一環として、会社側が一定の対抗措置を講じ得ることは認められている。しかし、これまで述べてきたとおり、団体行動権の行使として行なわれる組合活動には、本件のように業務阻害的な性質を有するものもあり得るのであるから、この両者のせめぎ合いの中で、本件団体行動を公正かつ公平に評価するためには、関生支部組合員によって行なわれた行為の態様だけでなく、会社側の対抗行為の性質・内容・程度等についての検討が欠かせないことを強調しておきたい。

③ 被害法益・損害の程度

原判決は、宇部三菱には損害がほぼ発生していないとの被告人側の主張に対して、「そもそも損害の発生は威力業務妨害罪の構成要件ではない」（一三頁）としていた。威力業務妨害罪の成立にとって、損害（実害）の発生が要件とされていないことはそのとおりであるが、違法性阻却事由（正当行為）の有無、すなわち本件団体行動の「態様」面での正当性の判断において、実害の発生・程度はやはり考慮要素とされるべきである。この点について、原判決は、「植田組及びダイワNについては、実際に大阪港サービスステーションへの入出場が妨げられたことにより、平常の業務に比して追加費用がかさみ、損害が発生したことが認められ」、「刑法上問題とならないほど軽微であるとはいい難い」（一四頁）としているにすぎないのであるから、検討不十分であるとの誹りは免れないだろう。

④ 社会（秩序）に与えた影響

本件団体行動によって、公道における車両の通行等に一定の支障が生じたことは否めない。しかし、本件団体行動を記録した動画データからは、警察はパトカーからマイクでバラセメント車の移動を求めたり、現場における違法車両の有無の確認その他の指示等をしていたにとどまる。したがって、社会（秩序）に与えた影響は軽微なものであったとの推測が、十分成り立ち得るものと思われるのである。

(3) 本件団体行動の「態様」面での評価

以上、述べてきたことを踏まえると、次のようにいうことができる。すなわち、本件団体行動は、適法な労働組合としての資格を認定され、労働基本権の享有「主体」として団体行動権を行使することができきる関生支部が、生コンやバラセメントの輸送運賃の引き上げを実施させることによって労働者の賃金を引き上げるという正当な「目的」の下、ＳＳに入出場しようとする車両の運転手に対して、関生支部の運動への協力を呼びかけたものであるところ、そうした働きかけが車両の前や脇にい集した一定数の関生組合員らによって行なわれたことをもって、運転手に対する心理的威圧の程度がその自由意思に抑圧を加えるほどのものであったということはできない。本件団体行動に際しては、一定の混乱が生じ、結果的に五台の車両が入出場できない事態が生じたことは事実である。しかし、団体行動としての組合活動の中には、業務阻害性を有するものもあり得ること、そもそもそれらの車両を本件団体行動時にあえて入出場しなければならない業務上の必要性が疑わしいこと、混乱を生じせしめた原因は、関生支部組合員らに対する会社側の対応によるところが大きいこと、社会（秩序）に与えた影響が軽微なものであったこと、さらには、被害法益・損害の程度の立証が尽されていないことなどを総合的に考慮すれば、本件団体行動は、「態様」面においても正当性が認められてしかるべきである。

結　語

原判決は、あたかも当然であるかのように本件団体行動の「正当性」を否定している。しかし、これまで述べてきたように、原判決は、その判断のプロセスにおいて、いくつもの誤りを重ねている。本件団体行動を適切かつ公正に評価するためには、労働法規範ないし憲法二八条を頂点とする労働法体系と、その下で構築されてきた団体行動の「正当性」に関する法理に対する深い洞察が欠かせない。よって、貴裁判所におかれては、本意見書が提示した各論点を十分考慮され、しかるべく判断を下されることを期待したい。

（1）鎮目征樹「副駅長のビラ配布阻止および駅コンコース内への立入制止業務に対する行為と威力業務妨害罪の成否」ジュリスト（平成二八年度重要判例解説）一五〇五号（二〇一七年）一七六頁。なお、都立板橋高校事件上告審判決（最一小判平二三・七・七刑集六五巻五号六一九頁）、大塚仁ほか『大コンメンタール刑法（第三版）第一二巻〈第二三〇条～第二四五条〉』（青林書院、二〇一九年）二〇六頁等参照。

（2）菅野和夫『労働法（第一二版）』（弘文堂、二〇一九年）一〇〇四頁以下。

（3）学説は、一部の少数説を除き、「正当性」を要件として、組合活動にも刑事免責、民事免責、不利益取扱いからの保護があると解している。

（4）蓼沼謙一「争議行為のいわゆる刑事免責について－刑法学説への若干の質問」一橋論叢七一巻一号（一九七四年）一頁以下。この点に関する議論の詳細は、角田邦重ほか『労働法講義2労働団体法』（有斐閣、一九九一年）二〇二頁以下等参照。

（5）学説においては、「争議行為」をストライキ（労務の完全または不完全な停止）とそれを維持ための行為に限定する考え方（「労務不提供中心説」。たとえば、菅野・前掲書三一一―三一二頁、三九―四一頁及び九五九―九六九頁、荒木尚志『労働法（第四版）』（有斐閣、二〇二〇年）六九七―六九八頁等）もあるが、多数説（「業務阻害説」。たとえば、外尾健一『労働団体法』（筑摩書房、一九七五年）三九八頁以下、西谷敏『労働組合法（第三版）』（有斐閣、二〇一二年）四〇〇―四〇一頁等）は、より広く、使用者の業務の正常な運営を阻害する一切の行為をいうと解している。しかし、いずれの立場も妥当とはいい難い。私見によれば、「争議行為」とは「労働者団結の集団的意思に支えられた集団行動」と定義すべきであり、それ以外にいかなる要件を具備すべきかは、それが問題となる局面やそれに伴う法的効果との関連で相対的に定まってくると考えるからである（盛誠吾『労働法総論・労使関係法』（新世社、二〇〇〇年）三八〇―三八一頁、拙稿「争議行為」名古道功ほか編『NJ選書労働法I―集団的労働関係法・雇用保障法』（法律文化社、二〇一二年）一五〇頁参照）。

（6）たとえば、中窪裕也「団体行動権の意義と構造」日本労働法学会編『講座労働法の再生⑤労使関係法の理論課題』（日本評論社、二〇一七年）一四七頁、水町勇一郎『詳解労働法』（有斐閣、二〇一九年）一一一二頁等参照。

（7）中窪・前掲論文一五四頁。同旨、川口美貴「労働組合による街宣活動等の相手方と差止請求の可否」ジュリスト（平成二五年度重要判例解説）一四六六号（二〇一四年）二四四頁、野川忍「労働組合員らに対する街宣活動等の差止請求の可否」ジュリスト一四八一号（二〇一五年）九四頁等。

（8）中窪・前掲論文一五四頁参照。

（9）周知のとおり、法的な意味における「労働組合」は、「憲法上の労働組合」、「労組法上の労働組合」及び「労組法適合（適格）組合」に大別されるが、いずれの労働組合であっても、少なくとも団体交渉権や団体行動権（民・刑事免責）を有することについては争いがない。

（10）ただし、これらの判決が「直接には労使関係に立たない者」に対する団体行動の正当性の範囲を狭く解している点は、妥当でない。照井敬「偽装荷役妨害とピケッティングの適法性」労判七六九号（一九九九年）一〇頁等参照。

（11）原審における「被告人側弁論要旨」によれば、本件団体行動には「広域協の民主化の実現」という目的も掲げられていたとされている。

（12）菅野・前掲書九五九頁。

(13) 水町・前掲書一一〇〇頁。ちなみに、この考え方に沿って本件団体行動を「二次的争議行為」と捉えた場合には、「その態様等の面で社会的に相当性を欠く言動がなかったかにより正当性が判断されるべきである」とされている。

(14) 菅野・前掲書九六三—九六四頁は、「二次的争議行為」を団体交渉とは無縁の「とばっちり」であると捉えて、「目的」面における正当性を否定するが、水町・前掲書一一〇〇頁は、「その態様等の面で社会的に相当性を欠く言動がなかったかにより正当性が判断されるべきである」としている。なお、二次的争議行為に関するアメリカの議論については、中窪裕也『アメリカ労働法(第二版)』(弘文堂、二〇一〇年)一六五頁以下が詳しい。

(15) 石井保雄「争議行為の意義と正当性」前掲・日本労働法学会編『講座労働法の再生⑤労使関係法の理論課題』一七四頁参照。

(16) 大阪兵庫生コン経営者会事件・中労委命令平二四・一・一八別冊中労時一四五六号五七二頁。なお、経営者会の規約第五条(交渉権・妥結権の委任と交渉)によれば、「第四条第一項の目的(たとえば、「会員全体に影響を及ぼす春闘・労働条件の改訂等の労働問題に関する諸施策の円滑なる推進」(四条一項二号)——引用者注)を達成するため、団体会員又はA会員は企業外労働組合との交渉権・妥結権を本会へ委任する。本会は企業外労働組合と交渉し、この交渉権・妥結権を行使する。(以下、省略)」と規定されている。

(17) したがって、本件協定書の当事者である連合会に所属する関生支部が、その誠実な履行を求めて、相手方当事者である企業に雇用される組合員に行なわしめたストライキが「正当」であることはもちろんである。

(18) ちなみに、全日本海員組合(同和ライン)事件(東京高判平二四・一二・一七判タ一四〇八号八三頁)は、船員の労働条件の国際的底上げを図るための(労組法上の労働協約ではない)ITF協約締結を求める労働組合の活動について、「被控訴人(会社——引用者注)がそれに応じる義務がなく、またその意思がないとしても、控訴人に対し、ＩＴＦ協約締結のための交渉を求めることが直ちに不相当な組合活動であるとはいえない」としている。

(19) ちなみに、全日本建設運輸連帯労組関西地区生コン支部（大谷生コン・本案）事件（大阪地判平二五・三・一三労判一〇七八号七三頁）は、「広域協組と経営者会は別の組織ではあるが、被告（関生支部——引用者注）と経営者会との間で合意された方針等で、広域協組が方針として採用したものについて、被告において、広域協組の組合員に対しその履行を求めることは、一定の範囲内で許容されると解される」としている。

(20) 国鉄和歌山駅事件（和歌山地判昭四六・四・二六刑事裁判月報三巻四号五四九頁）。

(21) ただし、平成三〇年（わ）第三六七四号等事件における江袋一史証人尋問調書三頁では、「ナンバー１８７９号」とされている。

(22) この点については、膨大な数の裁判例や学説を逐一検討することを通して、ピケッティングの「正当性」に関する一般的な指針を提示するに至った東京大学労働法研究会『注釈労働組合法（上）』（有斐閣、一九八〇年）五三六頁が参考になる。また、前掲・国鉄和歌山駅事件では、「ピケッティングは、本来防衛的、受動的、かつ補助的な性格のものであるが、その行使、態様の正当性の限界を、常に、いささかでも実力的要素を帯びた有形力の行使を許さずとするいわゆる平和的ないし穏和な言論とかビラ等文書を用いた表意による説得のみに限ると解することは、妥当でないというよりは無意味であると考える。……『平和ないし穏和な説得』とはそれ自体なんらの違法性も可罰類型にも該らぬものを本質とし内容とするもののごとくであって、そうだとすればこれは、労組法一条二項にいう『正当性』を判断するまでもなくその対象にも該らぬものである」とされていたことを銘記すべきである。なお、学説・裁判例の展開過程については、拙稿「ピケッティング」籾井常喜編『戦後労働法学説史』（労働旬報社、一九九六年）五三九頁以下参照。

3 〈判例研究〉「直接労使関係に立つ者」論と団体行動の刑事免責

――連帯ユニオン関西生コン支部（刑事・大阪二次）事件・大阪高判令和四年二月二一日

名古屋経済大学教授
榊原嘉明

一　事実

1　被告人等

連帯ユニオン関西生コン支部（以下、関生支部）は、ミキサー車やバラセメント車の運転手等、セメント・生コン関連の労働者等が加入する産業別労働組合である。事件当時、被告人X1は関生支部の執行委員（争議対策担当）、被告人X2は関生支部の元副執行委員長であった。

被害会社植田組は、バラセメント輸送業者である。植田組は、セメントの製造及び販売を業とする会社である宇部三菱セメント株式会社（以下、宇部三菱）の有するバラセメントの貯蔵・出荷基地の一つである大阪港サービスステーション（以下「大阪港ＳＳ」）に事務所を置くとともに、宇部三菱等の特約販売店からバラセメント輸送業務を請け負い、生コン工場等の出荷先にバラセメントを輸送していた。また、被害会社ダイワＮは、生コンの製造及び販売並びにセメントの輸送業務を行う会社である。ダイワＮは、中央大阪生コンに係るセメント輸送業務を、宇部三菱から請け負っていた。なお、本件当時、植田組及びその下請先（以下、両者を併せて「植田組等」）並びにダイワＮの労働者の中に、関生支部組合員はいなかった。

中央大阪生コンは、大阪広域生コンクリート協同組合（以下「大阪広域協組」）の副理事長（本件当時）であるＰが平成二七年二月に設立した生コン業者である。中央大阪生コンは、設立当時から、製造した生コンの輸送業務を近酸運輸に請け負わせていた。なお、本件当時、中央大阪生コン及びそのグループ会社である株式会社北神戸運輸（以下、北神戸運輸）の労働者の中に、関生支部組合員はいなかった。

近酸運輸は、平成二九年一二月一一日まで中央大阪生コンが製造した生コンの輸送業務を請け負っていた会社である。近酸運輸のミキサー車運転手は、全員が関生支部組合員であり、同組合員らは、関生支部の分会である近酸運輸分会を組織していた。

２　事実の経過

⑴　ストライキ前日までの経過

ア　大阪港ＳＳ事件関連

関生支部は、かねてから、ミキサー車等の運転手等の賃上げの原資となるバラセメント及び生コンの輸送運賃の値上げを大阪広域協組等に対して求めてきたが、平成二九年一一月二五日（以下、年号省略）、バラセメント及び生コンの輸送運賃の値上げを目的として、一二月一二日から無期限のストライキ（ゼネスト）を実施することを決定した。

関生支部組合員ら二名は、一二月八日及び同月九日、植田組を訪れ、社長であるOに対し、同月一二日から、輸送運賃の値上げ等を目的としてストライキを実施する予定であることを伝え、協力を求める申入れをした。Oは、両日とも、宇部三菱と輸送契約を締結しており、その指示に従う必要があるなどとして、この申入れを断った。

イ　中央大阪生コン事件関連

また、中央大阪生コンの代表取締役社長であるQは、関生支部による前記のストライキの計画を知り、近酸運輸の社長であるSに対し、ストライキを実施するのであれば、中央大阪生コンの敷地から近酸運輸のミキサー車を出して欲しい旨伝え、Sはこれを了承し、一二月一一日午後六時までに中央大阪生コンの敷地から近酸運輸のミキサー車を出すこととした。被告人X1ほか一名は、同日午後六 時頃、中央大阪生コンを訪れ、工場長であるRに対し、同月一二日からストライキを行うので、中央大阪生コンの敷地から近酸運輸のミキサー車を出す必要はないなどと言ったが、Rは、Q及びSの間で前記のとおりの合意ができていることを伝え、近酸運輸のミキサー車を敷地から出すように求めた。その後、被告人X1は、Rに対し、近酸運輸はストライキをしないことにしたので、近酸運輸に仕事をさせるように求めたが、これを拒否するとともに、同月一二日は、他社のミキサー車を手配していることを説明して中央大阪生コンの敷地から近酸運輸のミキサー車を出すように求めた。被告人X1は、被告人X2の指示もあり、最終的に、中央大阪生コンの敷地から近酸運輸のミキサー車を出すことを了承し、近酸運輸のミキサー車は、中央大阪生コンの敷地から出た。

(2) ストライキ当日の経過

ア 大阪港SS事件関連(原判示第1、第3及び第4)

関生支部組合員らは、一二月一二日午前五時頃、大阪港SSの出入り口付近において、Oに対し、「ストを実行する」、「出荷妨害はしない」などと告げた上、同日午前六時四八分頃から同日午後九時三八分頃までの間、車道を走行していた植田組等のバラセメント車の大阪港SSへの入出場を妨げた(最大で総勢約二〇名)。その間、植田組関係者から取り押さえられた関生支部組合員らが、「お前らに捕まえる権利あるんか」などと大声を上げ、植田組関係者を振り払って押すなどしたこともあった。また、関生支部組合員らは、当初、「運転手さん、ちょっと窓開けてよ」などとバラセメント車の運転手に声を掛けるなどもしていたが、しばらくすると声掛けをやめ、バラセメント車を取り囲んで植田組関係者らと口論となったりした。Oら植田組関係者らは、集合した関生支部組合員らに対し、「妨害しないでください」、「車から離れてください」などと述べたり、「出荷妨害するな」と記載されたプラカードを掲げたりしてバラセメント車の入出場を妨害しないよう繰り返し求めたが、関生支部組合員らは、「出荷妨害はしていない」、「ゼネスト中である」、「運転手の説得をする」、「説得活動をしている」などと述べた。関生支部組合員らに停車させられたバラセメント車六台のうち五台は、結局、同日、大阪港SSに入出場することができなかった。

また、関生支部組合員らは、一二月一三日午前六時五三分頃から同日午後四時八分頃までの間、車道を走行していた植田組等及びダイワNのバラセメント車の大阪港SSへの入出場を妨げた。O等の植田組関係者らは、前日と同様に、プラカードを掲げながらバラセメント車の出場を妨害しないよう繰り返し求める、ロープを使ってバラセメント車の走路を確保する、人垣を作ってバラセメント車を先導するなどの対抗措置を講じてバラセメント車を出場させようとした。関生支部組合員らは、O等の植田組関係者らが生コンを積載したバラセメント車を出場させようとしたとき、バラセメント車を先導していた植田組関係者を押し返すなどすることがあった。ダイワNのバラセメント車の運転手は、関生支部組合員らに対して入場させるよう繰り返し求め、植田組関係者らも入場を妨害しないよう繰り返し述べた。関生支部組合員らに停車させられた植田組等のバラセメント車三台は、結局、大阪港SSから出場することができず、ダイワNのバラセメント車一台も、大阪港SSに入場することができなかった。

イ　中央大阪生コン事件関連（原判示第2）

関生支部組合員らは、一二月一二日午前六時三〇分頃、中央大阪生コンの正門付近に、近酸運輸分会員が運転するミキサー車を停車させ、総勢八名前後が同所に集まった。関生支部組合員らは、R等の中央大阪生コン関係者らに対し、「仕事をしに来た」、「仕事をさせて」、「とにかくみんな中に入れて」、「専属輸送やから」、「関係者やろ」などと時折声を荒げながら述べ、近酸運輸のミキサー車を中央大阪生コン敷地内に入場させるよう要求したが、Rは、ミキサー車の入場を拒んだ。その後も、近酸運輸のミキサー車が中央大阪生コンに入場しようとするのを、R等の中央大阪生コン関係者らが静止したり、関生支部組合員らが、Rに対し、近酸運輸のミキサー車を中央大阪生コンに入場させて仕事をさせるよう繰り返し求めたりした。他方、関生支部組合員らは、同日午前七時一一分頃から、中央大阪生コンに入場しようとした北神戸運輸のミキサー車に対しては、その側面に立ち、ミキサー車をとめようとするなどした。

その後、同日午前七時五四分頃、関生支部組合員らは、近酸運輸のミキサー車を中央大阪生コン正面付近から移動させ、同日午前七時五五分頃から、「ストライキ権を行使する」、「ストライキを通告する」、「中央大阪生コンのみなさん、ご協力をお願いします」、「ストライキ決行中です」などと述べた。それから同日午前九時八分頃までの間、関生支部組合員らは、中央大阪生コンに入出場しようとする北神戸運輸のミキサー車の前方に立ちはだかるなどして、その入出場を妨げた。

以上のような関生支部組合員らの行為により、中央大阪生コンに入場しようとした北神戸運輸のミキサー車九台が、一時間以上にわたり入場することができず、道路上に滞留することとなった。また、生コンを積載した状態で出場しようとした北神戸運輸のミキサー車三台が二〇分以上にわたり出場することができなかった。

争点は、①威力業務妨害罪の構成要件該当性について、②共謀について、③正当行為（違法性阻却）について、④量刑である（以下、紙幅の関係から、争点③のみを検討の対象とする）。

3　原審の判断

原審（大阪地判令二・一〇・八労旬一九七七号三四頁）[1]は、正当行為（違法性阻却）について以下のように判示し、結論として、被告人両名をそれぞれ懲役二年六月（執行猶予五年）に処するべきものと判断した。

(1)ア．「判示各実行行為は、走行するバラセメント車又はミキサー車の前方に立ちはだかり、その周りを取り囲むなどして、植田組及びダイワNのバラセメント輸送業務並びに中央大阪生コンの生コン輸送業務を妨害したものである。また、関生支部組合員らは、植田組関係者や中央大阪生コン関係者との間で、時折声を荒げたり、もみ合いになったり、押し合いになったりする場面が生じている。判示各実行行為の態様は、前記各業務を強烈に阻害するものであったと認められる。

また、そもそも、本件で被害に遭った植田組及び中央大阪生コンには関生支部組合員が存在しない。証拠上、中央大阪生コンが近酸運輸との間で専属輸送契約を締結していたと認めることもできない（仮に専属輸送契約があったとしても、中央大阪生コンと近酸運輸の労働者との間に労使関係が認められるものでもない。）。このようにみると、植田組及び中央大阪生コンのいずれについても、関生支部による争議行為の相手方となる使用者ではない。なお、植田組及び中央大阪生コンには、実質的な労使関係を認め得るような関生支部組合員の存在はうかがわれない。」

イ．「このように、業務妨害行為の態様が強度であること、植田組及び中央大阪生コンは、関生支部との関係で争議行為の対象となる使用者とは言いえないことに照らせば、判示各行為が正当行為としてその違法性が阻却される余地はない。」

(2)「弁護人らは、判示第1、第3及び第4の行為の目的がバラセメント輸送運賃及び生コン輸送運賃の値上げであり、判示第2の目的が近酸運輸労働者の就労確保であったと主張するが、そのような目的があったとしても、前記のとおり、判示各実行行為の行為態様が強烈であること、そもそも植田組及び中央大阪生コンは関生支部の組合活動の対象となる使用者ではないことを踏まえると、判示各実行行為が正当行為としてその違法性が阻却される余地はないとの前記判断は何ら左右されない。」

二　判　旨（控訴棄却）

1　大阪港ＳＳにおける行為（原判示第１、第３、第４）について

⑴　判断枠組み

①「植田組及びダイワＮには関生支部の組合員はおらず、原判決も説示するとおり、いわゆる争議行為の対象とはならない」。しかしながら、②「一般に、労働条件は、使用者や労働者を取り巻く社会、経済その他の要因によって大きく左右され得るものであり、そのような実質を考慮すると、労働組合が労働条件の改善を目的として行う団体行動である限りは、それが直接労使関係に立つ者の間の団体交渉に関係する行為でなくとも、憲法二八条の保障の対象に含まれるというべきである」。もっとも、③「争議行為と異なり、直接労使関係が存在しないことからすれば、そこには自ずと限界がある」というべきであって、「そのような団体行動を受ける者の有する権利・利益を不当に侵害することは許されない」と解するのが相当であるから、「これを行う主体、目的、態様等の諸般の事情を考慮して、社会通念上相当と認められる行為に限り、その正当性が肯定され、違法性が阻却され得る」というべきである。

⑵　本件事案への適用

そこで、本件についてみるに、①「関生支部が産業別労働組合であり、賃上げの原資となり得るバラセ

メントや生コンの輸送運賃を上げることによって、関生支部組合員を含む生コン業界で働く労働者の労働条件を改善しようとする目的があったことは認められる」ものの、②「前記のような関生支部の組合員らの行為は、到底平穏なものとはいえないし、時間も短時間ではなく、被害会社らの業務を妨害し、生じた結果も相当に大きいこと、周辺道路に交通渋滞を生じさせるなどしていること」などからすれば、「非組合員や同人らの属する企業の権利・利益を侵害することはもとより、非組合員に対する説得活動等としては大きく限度を超えていると言わざるを得ない」。そして、③「関生支部組合員らが所属しない植田組やダイワNにおいて、関生支部組合員らの行動によって業務に支障が生じるのであれば、それを甘んじて受け入れる必要などないこと」からすれば、「植田組関係者が関生支部組合員らの行動に備えて事前に多めに出荷等を済ませたり、関生支部組合員らの行動に対抗するための準備をし、現場で関生支部組合員らの行動に対して対抗措置を講じたりすることは、企業活動をする者としていわば当然のこと」であって、④「そのような植田組関係者の行動を踏まえてみたとしても、関生支部組合員らの活動は、社会通念上相当と認められる限度を超えているといわざるを得ず、違法性が阻却されるものではない」。

2　中央大阪生コンにおける行為（原判示第2）について

①「近酸運輸は、中央大阪生コンから輸送業務についての委託を受けて中央大阪生コンの生コン業務を担っていたにすぎず、中央大阪生コンが、近酸運輸の労働者の基本的な労働条件等について雇用主と同旨し得る程度に現実的かつ具体的に支配、決定することができる地位にあったとは認められない」から、「中央大阪生コンが前記〔労働組合法七条の――引用者注〕「使用者」に該当するということはできない」。

そうすると、②「本件における関生支部組合員らの行為は、使用者でもなく、争議行為の対象ではない、単なる取引先企業に対する就労要求や抗議活動等にすぎない」ところ、③「前記のような関生支部組合員の行為は到底平穏とはいえないし、時間も短時間ではなく、被害会社の業務を妨害し、生じた結果も軽微とはいい難いこと、また、周辺道路に交通渋滞を生じさせるなどしていることなどからしても、大きく限度を超えているといわざるを得ない」。また、④「関生支部組合員らは、途中から、ストライキに切り替えている」が、「これが抗議のためのストライキであれ、ゼネストの一環としてのストライキであれ、非組合員や同人らの属する企業の権利・利益を侵害することはもとより、非組合員に対する説得活動等としては大きく限度を超えているといわざるを得ない」ことなどからすれば、「中央大阪生コン側の行動を踏まえてみても、関生支部組合員らの活動は、社会通念上相当とめられる限度を超えているといわざるを得ず、違法性が阻却されるものではない」。

三　検　討

1　本件の事案的特徴と本判決の意義

(1)　本件の事案的特徴

本件は、被告人ら二名が、関生支部組合員らと共謀して、大阪港SS及び中央大阪生コンの二か所の現場において、多数の組合員を動員してバラセメント及び生コンの輸送・出荷業務を妨害したという威力業務妨害四件からなる事案である。(2)

本件に類似する事案として、富士美術印刷事件（東京高判平二八・七・四労判一一四九号一六頁）及び御國ハイヤー事件（最二小判平四・一〇・二労判六一九号八頁）の二つが挙げられる。だが、前者の富士美術印刷事件では、民事事件（不法行為）において、グループ企業内における権利紛争（倒産解雇）の解決を目的として行なわれた、労務不提供をともなわない公衆に対する情報宣伝活動の正当性が、後者の御國ハイヤー事件では、同じく民事事件（不法行為）において、一企業内における規整紛争（賃上げ等）の解決を目的として行われた、労務不提供をともなう組合員使用車両前での座り込み等が、それぞれ問題となった。

これに対し、本件では、刑事事件（威力業務妨害）において、産業内における規整紛争（「賃上げの原資となり得る……輸送運賃を上げること」）の解決を目的として行なわれた、労務不提供をともなう非組合員に対するスト参加説得活動（大阪港ＳＳ事件）並びに一部スト解除後の就労要請活動（中央大阪生コン事件）等の正当性が問題となって点で、それぞれ事案を異にする。

なお、これら二つの類似事件において、会社側の対応は、口頭での説得や公的な司法手続の実施にとどまっていたのに対し、本件（とりわけ大阪港ＳＳ事件）では、組合員らを「取り押さえ」る、「ロープを使ってバラセメント車の走路を確保する」、「人垣を作ってバラセメント車を先導する」など、集団的示威にとどまらない実力行使をともなった「対抗措置」を自ら講じていたという点にも、その特徴がある。(3)

(2) 本判決の意義

本判決の判例法上の意義は、とりわけ次の三点にある。

一点目は、原判決が独自に提示していた「関生支部による争議行為の相手方となる使用者」、「関生支部との関係で争議行為の対象となる使用者」及び「関生支部の組合活動の対象となる使用者」という概念をいずれも、少なくとも明示的には使用しなかった点である。二点目は、原判決にはなかった一般的判断枠組みが大阪港ＳＳ事件の前半に置かれ、しかもそこでは、前掲・富士美術印刷事件東京高判に類似の判断枠組み採用されている点である。三点目は、「関生支部組合員らの行動に対抗するための準備をし、現場で関生支部組合員らの行動に対して対抗措置を講じたりすることは、企業活動をする者としていわば当然のことであ〔る〕」と、会社側の「対抗措置」について、やや広い解釈を採ったともとれる判示を行っている点である。

以下、上記本判決の意義にとりわけ注目しつつ、本判決の論理に沿って、種々検討することにしたい。

2　判断枠組みについて

(1)　原判決との関係

まず本判決は、上記二1(1)①のとおり、原判決が使用していた「争議行為の対象」との表現は残存をさせつつも、「関生支部との関係」における「使用者」との表現は引き継がなかった[4]。これは、原判決に対してなされた「独自の『使用者』概念を提示している……にもかかわらず、……当該独自概念の定義づけを行っていない」だけでなく、「当該『使用者』概念該当性判断の手がかりとなるような判断要素も、およそ有効に提示できていない」との学説からの指摘[5]を、一応は意識した結果でもあるように思われる。

しかしながら、本判決は、その「争議行為の対象」に該当するか否かを、各被害会社における「関生支部の組合員」の有無から判断しているように思われる。そのような理解が正しいとするならば、本判決は、団体行動を実施した労働組合の組合員の雇用契約相手方しか、「争議行為の対象とはならない」といったものにほかならない。そうすると、本判決は、「実質的な労使関係」の有無をそれでもなお問うていた原判決の考え方よりも、さらに純粋労働契約説的色彩の濃い見解に立っているものといえよう。[6]

(2) 前掲・富士美術印刷事件東京高判との関係

そして本判決は、そのような「争議行為の対象」論の後に「しかしながら」と続けて、前掲・富士美術印刷事件東京高判の「直接労使関係に立つ者」論を、やや修正しながら引用する（上記二1⑴②③）。

ア 「直接労使関係に立つ者」論のルーツと本判決の位置

まず、この「直接労使関係に立つ者」論そのものについて考えると、そもそも下級審裁判例においては、二〇一〇年代初頭、「憲法二八条、ないし労組法の保護を受ける」「組合活動」の範囲が「労組法上の使用者」に対するものに限定される（教育社労働組合事件・東京地（民事一一部）判平二五・二・六労判一〇七三号六五頁）、という状況にあった。[7]しかしながら、労働部ではない一般の民事部において提示されたこのような考え方に対しては、いわゆる団体交渉中心論に立つ立場からでさえ「『団体的労使関係』の使用者という概念によって労働組合の活動一般の法的意義を区別することは適切ではない」[8]などと指摘されるなど、広く学説から比較的強い批判がなされていた。[9]

そのような中で、船員を構成員とする職能別労働組合による、海上運送会社を名宛人とし、国際運輸労連の青色証明書取得交渉を目的とした「便宜置籍船対策活動」における、港湾作業（荷役作業）請負会社

（団体行動実施労働組合の組織対象外）に対するボイコットの正当性が争われた事案について、一九九〇年代末に出された判断枠組み（東海商船事件・東京高判平一一・六・二三労判七六七号二七頁）[10]を、二〇一〇年代後半、雇用主企業の倒産後のグループ会社に対する情報宣伝活動の正当性が争われた事案に転用したのが、前掲・富士美術印刷事件東京高判であった。

もっとも、その転用にあたっては、いくつか修正が施されている。

その中で比較的重要と思われる修正点は、一つに、「直接労使関係に立たない者に対する要請活動等の団体行動」の正当性評価の基準に関する記述の中で、憲法二八条による団体行動権保障の意義として、その「自由権的効果」を明示的に挙げていた部分の記述が削除され、新たに「自ずから限界がある」との記述が追加された点である。[11]

そのように考える理由は、以下のような点にある。前述のとおり、二〇一〇年代に入り、「国家からの自由」としての性格を強く有するというべき団体行動の正当性が争われた下級審裁判例において、その正当性が認められ得る範囲を、「国家による関与」としての性格を強く有する不当労働行為制度における「使用者」に強く引きつけて判断する判決がいくつか現れた。前掲・富士美術印刷事件東京高判は、確かに、判断枠組みとしては、あくまでこのような下級審裁判例と一線を画するものであった。しかしながら、同高裁判決において、一九九〇年代末の前掲・東海商船事件東京高判の判示から「自由権的効果」との文言が消されたということの意味を、それら近年の下級審裁判例と実際のところは基本的なものの考え方を一にしている可能性があるという点に求めることもできなくはないと考えるからである。

もう一つの修正点は、上記「直接労使関係に立たない者」に関する「自ずから限界」論的理解について、

「憲法二八条による団体行動権の保障を受けた労働組合法八条が、正当な争議行為によって生じた民事上の責任の免責を定めているのも、以上と同旨をいうものと解するのが相当である」との記述が新たに追加された点である。だが、その理論的な根拠づけは、判決から自明ではない。もっとも、その発想の背景には、労組法八条の「同盟罷業その他の争議行為」という文言に着目し、民事免責の及ぶ範囲を限定しようとする学説[12]と少なくとも類似した考え方があるようにも思われる。[13]

本判決[14]は、前者の修正点につき、「自ずと限界がある」とごくわずかな再修正を加えている（上記二1⑴③参照）が、その含意は、前掲・富士美術印刷事件東京高判のそれと基本的に異ならないものであると考えられる。

しかし、後者の修正点について、本判決が刑事事件であったにもかかわらず、何の注釈もなく、かかる前掲・富士美術印刷事件東京高判の判示部分をあえて削除している（同前）。仮に裁判所が刑事事件において今後、かかる民事事件の判断枠組みを維持しようとするならば、そこで改めて理論的にも説得性のある根拠づけが展開されない限り、その判断枠組みを都合よく「つまみぐい」したと批判されたとしても、致し方ないというべきであろう。[15]

イ　「直接労使関係に立つ者」論と「争議行為の対象」論の関係

そして、この「直接労使関係に立つ者」（上記二1⑴②③）と、その前段に置かれ、原審から引き継がれた「争議行為の対象」論（同①）との理論的な関係について考えると、これも明確ではない。

また、本判決における「直接労使関係に立つ者」の具体的な意味内容についても、前掲・富士美術印刷事件東京高判と同様、必ずしもはっきりしない。[16]しかしながら、前掲・富士美術印刷事件東京高判においては「直接には労使関係に立たない者」などと連用的に使用されていた「直接」という文言が、本判決においては「争議行為と異なり、直接労使関係が存在しない」と連体的に使用され、あたかも「直接労使関係」という独自の関係があるかのような表現が新たにされている（同③）。その点も併せ鑑みれば、本判決は、前述の「争議行為の対象」論と同様、「直接労使関係」を労働契約関係そのものと考えている可能性を否定できず、その程度は、前掲・富士美術印刷事件東京高判よりも高いと言うべきであろう。[17]

(3) 評　価

本判決は、確かに、およそそもそも労働事件としてさえ扱っていないかのような（一般の民事部や刑事部における）原審の判断を、前掲・富士美術印刷事件東京高判と同様、何とか労働事件として処理しようしていると点においては、肯定的な評価をすべきものである。しかし、そもそも自身が民事事件における判断枠組みを引用しているにもかかわらず、まるで刑事事件との事案類型の別をあえて無視したかのような本判決の判断には、賛意を表することはできない。

評者はそもそも、民事事件であれ刑事事件であれ、「直接労使関係に立つ者」という概念に基づき、いわば「入口」において、一般論的に、団体行動の正当性評価の基準を大きく異にする「二分論」に、そもそも否定的である。だが、仮に「二分論」的な考え方に立つとしても、「直接労使関係に立つ」か否かを労働契約関係の有無にしたがって判断したり、また仮にそのような前提に立った場合にも、「直接労使関係に立たない」者について「自ずから（自ずと）限界がある」と理解したりする必然性はないであろう。なぜなら、単に「一般に、労働条件は、使用者や労働者を取り巻く社会、経済その他の要因によって大きく左右され得る」（上記二1⑴②）だけでなく、「とりわけ経済的及び地域的な結びつきのある使用者らの間においては、各自の使用者団体における構成員資格の如何とは無関係に、通常、少なくとも非公式な、それゆえにしかし、決して小さくない影響力の行使を可能にする多数の結びつきやり取りが存在している」（ドイツ連邦労働裁判所第一小法廷二〇〇七年六月一九日判決（1AZR 396/06）[18]。以下「ＢＡＧ二〇〇七年判決」）といえるからである。[19] 団体行動の実施対象となっている者がその要求の名宛人との間で（どのような）経済的及び地域的な結びつきを有しているか、団体行動の実施対象となっている者がその実施主体である労働組合の労働基本権の行使に（どのような）干渉行為を行っているかのなどの事情[20]が、まずはそこで問題とされるべきである。

3　大阪港ＳＳ事件について

⑴　事案類型について

本判決は、大阪港ＳＳ事件の事案類型について、「賃上げの原資となり得るバラセメントや生コンの輸送運賃を上げることによって、関生支部組合員を含む生コン業界で働く労働者の労働条件を改善しようとする」ことを「目的」とした、「被害会社ら」に対する「業務」「妨害」及び「非組合員に対する説得活動」等であった旨を述べるのみ（上記二1⑵①②）で、原判決と同様、そもそも関生支部の組合員らが同盟罷業を行っていたかどうかや、例えば生コン製造・販売業における労働者の組織化があったかどうかの認定はない。

確かに、本件の事実関係はそもそも非常に入り組んでおり、重ねて裁判所の事実認定も十分さを欠いているといわざるを得ないが、本件の事案類型は、輸送業（※そこに属する個別企業ではない）における賃上げを主たる目的とした[21]、セメント輸送業及び生コン製造・販売業を含む産業別労働組合の産業別統一行動における同盟罷業に付随する、非組合員に対するスト参加説得活動であると、これを整理するのが妥当であるように思われる。

なお、かかる産業レベルで行われたスト参加説得活動に応じ、非組合員が同盟罷業を行った場合、その主体面における正当性も問題となりえよう。だが、憲法二八条が定める労働基本権はあくまで「勤労者」に保障されている点、仮に争議団であっても、少なくとも統制のもとに争議行為が行われている限りは労働基本権による保護の範囲内にあると解される点などに鑑みれば、少なくともスト参加説得活動を行う労働組合の実質的統制下にあり、そのことが当該スト参加説得活動に応じて同盟罷業を行う労働者の労働契約相手方にとって識別することが著しく困難でない限り、その主体面における正当性は原則として肯定されるというべきであろう。

(2) 「輸送運賃の引き上げ」という目的について

本判決は、本件における団体行動の「目的」が、「賃上げの原資となり得るバラセメントや生コンの輸送運賃を上げることによって、関生支部組合員を含む生コン業界で働く労働者の労働条件を改善しようとする」点にあったと判断した（上記二1(2)①）。原判決においてはごく傍論的にしか触れられていなかった団体行動の目的を、本論において態様面の判示より前に論じている点で、この判示は肯定的に評価できる。

だが、本判決のかかる判示は、単に本件における団体行動の目的の所在を事実として認定しているに過ぎないのか、それとも、目的面における正当性評価をも行っているかが判然としない。しかしながら、本判決自身、その判断枠組みにおいて「労働組合が労働条件の改善を目的として行う団体行動である限りは、……憲法二八条の保障の対象に含まれる」（同(1)②）と判示している点、そのうえで、本判決が認定した上記目的の正当性を明示的に否定していない点に鑑みれば、本判決は、本件における団体行動の目的面における正当性を肯定したものであると解するのがより自然であろう。

(3) 態様について

本判決は、本件における団体行動の「態様」について、「非組合員や同人らの属する企業の権利・利益を侵害することはもとより、非組合員に対する説得活動等としては大きく限度を超えていると言わざるを得ない」と判示した（上記二1(2)②）。以下、一つに、「非組合員に対する説得活動」について、もう一つに、「非組合員……の属する企業の権利・利益を侵害すること」について、それぞれ分けて検討することとしたい。

ア 非組合員に対する説得活動について

問題の第一は、「非組合員に対する説得活動等としては大きく限度を超えていると言わざるを得ない」と判示しておきながら、スト参加説得活動そのものの労働基本権保障上の位置づけを、そもそも明らかにしていない点である。

スト参加説得活動は、とりわけ当該活動を行う労働組合が同盟罷業その他の争議行為を行っている場合には、これに付随する活動として、団体行動権保障の保護の範囲に含まれるというべきである。なぜなら、一つに、労働組合は、個別企業との間で個別労働者を保護する主体であるだけでなく、自身の組織対象とする労働市場において秩序を形成する主体でもあるといえるからであり、もう一つに、そのような労働組合（や使用者・使用者団体）が持つ秩序形成機能は、憲法二八条による労働基本権保障に含まれる法的価値の一つであるということは、実定法上の一般的拘束力制度（労組法一七条・一八条参照）を挙げるまでもなく、明らかであるように思われるからである。

そのように考えると、スト参加説得活動は、自組合員だけでなく、非組合員や他組合員をも対象としてこれを行うことも可能であるというべきであり、また、その具体的態様については、「ストライキが決行中であることを単に周知するだけの活動や、ストライキに加わるよう要請する宣伝活動にすべて還元されるものではな〔く〕……ストライキへの参加を呼びかけ、そして意見交換を通じてストライキへの参加に向けた説得を試みるすべての個人的な話し合いが含まれる」（傍点は引用者による）[22]というべきである。

イ　非組合員の属する企業の権利・利益の侵害について

問題の第二は、その判断枠組みにおいて、「団体行動を受ける者の有する権利・利益を不当に侵害することは許されない」（傍点は引用者による）と判示した点（上記二1(1)③）との関係である。同判示部分は、「直接労使関係に立たない者」に対する権利・利益の侵害が、結局のところ、直ちに団体行動の不当性を導くような判示を行った前掲・富士美術印刷事件東京高判の問題点[23]を大きく修正しうるものであり、その点では大きく肯定的な評価をすることができる[24]。

しかし、そのような判断枠組みにおける良点を、本判決は、本件事案への適用の部分において、まったく生かし切れていない。

そう考える理由の一つ目は、本件における団体行動の態様そのものに対する評価に関係する。[25] 本判決は、例えば、「関生支部の組合員らの行為は、……、時間も短時間ではな〔い〕」（同(2)②）とする。しかし、仮に本件のスト参加説得活動につきそのような「時間」に関する判断を行うのであれば、かかる説得活動が関生支部の組合員ら自身が実施していた同盟罷業の時間的範囲を超えていたかの評価が、少なくとも必要というべきであろう。[26] しかし、本判決は、その点に関する事実認定がそもそも欠けており、不当である。

理由の二つ目は、「非組合員の……属する企業」の位置づけに関係する。生コン関連産業は、その産業構造それ自体からして、相互に「地域的、業種的又は経済的に……密接な結びつき」[27]が生じやすい業種であるといえる。生コン製造・販売業や生コン及びバラセメント輸送業は、従前、（バラセメント製造・販売業を含めた）一つの企業システムに包摂されることが通常であり、企業システムの外部化が進む今日においても、いまだ複数の業種を一つの企業システムの中に内包するケースは稀ではないようである。[28] そうすると、とりわけそのような産業において産業別労働組合が行う団体行動は、例えば、複数の職種を組織する企業別労働組合が当該企業内で団体行動を行う場合と、かなり近接するケースも出てこよう。

そうであるとするならば、産業別労働組合による、とりわけ規整紛争の解決を目的とした団体行動の正当性を評価するにあたっては、「業種的、経済的又は地域的な相互関連性」[29]の有無・程度を踏まえた判断を行うことが必要かつ重要であるように思われる。少なくとも、団体行動を実施した労働組合の組合員が被害企業と労働契約を締結していたかどうかの一事をもって、団体行動の正当性判断の枠組みを大きく左右させることが適切であるとは思われない。

ウ　企業主の対抗措置の自由？

そして、上記理由のうち最も重要な三つ目は、本判決の「関生支部組合員らの行動に対抗するための準備をし、現場で関生支部組合員らの行動に対して対抗措置を講じたりすることは、企業活動をする者としていわば当然のことであ〔る〕」（上記二1⑵③）という判示に関係する。

なるほど、使用者側が何らかの「対抗措置」を採れるという考え方は、妥当であろう。しかし、これまで使用者側に認められてきた「対抗措置」は、基本的にはロックアウトであり、場合によっては操業継続行為であり、やや広く理解したとしても民事上の差止め請求や損害賠償請求であったであろう。

だが、本件においては、関生支部組合員らは当初から、「出荷妨害はしていない」「ゼネスト中である」「説得活動をしている」などと述べていたにもかかわらず、植田組関係者らは、「ロープを使って」あるいは「人垣を作って」バラセメント車と関生支部の間に割って入るだけでなく、場合によっては組合員らを「取り押さえ」るなどの「対抗措置」を講じている。これら使用者側における「対抗措置」は、通りスト参加説得活動は憲法二八条の団体行動権保障による保護を享受すべきものと理解する限り（上記ア）参照）、少なくとも第一義的には、憲法二八条の団体行動権保障に裏打ちされた労働者側のスト参加説得活動を、司法手続を経ることもなく、自らの実力をもって阻害する行為に他ならないというべきであろう。

そうであるとするならば、とりわけ、被害を被った企業主による干渉行為を無視した団体行動の正当性評価は適切であるとはいい難い。本件における上記態様における「対抗措置」を講じることが「企業活動をするものとしていわば当然のこと」であると断定するような判示は、大きく妥当性を欠くというべきである。

4　中央大阪生コン事件について

(1)　判断枠組みについて

本判決は、中央大阪生コン事件について、上記大阪港ＳＳ事件の場合と異なり、その判断枠組みとして、上記「直接労使関係に立つ者」論を繰り返すことなく、事例判断のみを行っている。

だが、その事例判断における判示は、基本的に労組法七条の使用者概念論を前提としているということができる（上記二２①参照）。しかしながら、「国家からの自由」のあり方が問題となっている団体行動の正当性評価において、「国家による関与」のあり方を問題とする不当労働行為制度における判断枠組みをそのまま用いているという点で、本判決は、前述した二〇一〇年代初頭の下級審判決と、まったく同じ誤謬を犯しているといわざるを得ない（上記三２(2)参照）。

また、同判示中、「争議行為の対象ではない」との文言が出てくる（上記二２②）が、その趣旨は必ずしも判然としない。おそらく、上記大阪港ＳＳ事件におけるそれを前提としたものであろうが、仮にそうだとしても、上述と同じ批判が、そのような判断枠組みには妥当する。

(2)　「単なる取引先企業」論と企業主による「対抗措置」について

その上で、本判決は、中央大阪生コン事件における関生支部組合員らの行為について、「単なる取引先企業に対する就労要求や抗議活動等にすぎない」（上記二２②）と断じる。

しかし、被告人側が、関生支部組合員らの行為は①組合員の就労確保や②就労の場を奪ったことに対する抗議を目的としていたと主張していたことの本来的趣旨は、①中央大阪生コンの属する生コン製造・販売業も含めた産業別統一行動の実施にあたって、その要求名宛人であった大阪広域協組[30]の副理事長（当時）により設立された中央大阪生コンが、関生支部のストライキ通告を契機として近酸運輸車両の退出を求め、これに対し、関生支部が、中央大阪生コンについては自ら当該産業別統一的ストを一部解除したにも関わらず、中央大阪生コンによって職場復帰を拒否されたため、これを受け入れるよう求め、②それにもかかわらず、中央大阪生コンが、なおスト代替労働力を外部の関連会社を通じて確保したことに対して抗議した、という点にこそあったように思われる。

ところで、学説上は、たとえスト代替労働者の「雇入れ」の適法性を認める見解[31]にあっても、「スト労働者はスト終了の際に職場復帰の権利を有〔する〕」と解し、したがって、これを「スト期間中に限った臨時的なもの」と解するとともに、「組合が争議行為を中止して就労を申し入れた後には防御的性格を喪失し、正当性を失うのが通例」であると解している。また、「派遣」に関していえば、労働者派遣法二四条が職業安定法二〇条を準用しつつ、労働者派遣を通じた労働争議への介入を派遣元事業主に禁じている。

確かに、「請負」は「雇入れ」や「派遣」そのものではなく、また「請負」を通じた発注元企業のスト代替労働力の確保が実定法によって明確に禁止されているわけでもない。しかし、そのような発注元企業の行為は、少なくとも労働組合による団体行動に対する干渉行為としてこれを位置づけるべきであろうし、場合によっては、違法な先制的・攻撃的争議対抗行為としてこれを位置づける余地もあろう。

そのように考えると、中央大阪生コン事件における関生支部組合員らの行為は、「単なる取引先企業に対する就労要求や抗議活動等にすぎない」と評価することは相当に難しく、少なくとも、本件における中央大阪生コンの行為を「地域的、業種的又は経済的に……密接な結びつき」を相当に有する企業[32]による強度な干渉行為として位置づけたうえで、その正当性を評価するべきであると考える。

（1）原審判断の評釈として、例えば宮里邦雄「判批」労旬一九七九号（二〇二一年）三一頁、榊原嘉明「原判決・判批」労旬一九七七号（二〇二一年）三四頁など。

（2）関連事件として、ストライキ当日に現場にいた六名が被告人となっている大阪一次事件・大阪高判令四・五・二三（判例集未搭載）と、本件被告人らと同じくストライキ当日に現場にいなかった委員長が被告人となっている委員長事件・大阪地判令三・七・一三（判例秘書／L07650937）の二つがある。いずれもいまだ各上級審において係属中であるが、本稿の脱稿時点では、いずれも有罪判決が下されたままとなっている。

（3）なお、筆者は、本件の第一審段階において、中央大阪生コン事件にかかる鑑定意見書の作成に携わった。その際に提供された映像資料によれば、中央大阪生コン事件の現場においても、会社側は、スト当日、(イ)同敷地の入口のうち、関生支部組合員の運転する近酸運輸のミキサー車が停車している側の半分のみ工場前の門扉を閉める、(ロ)「北神戸運輸」などと書かれたヘルメットを被った者ら二～三名が同ミキサー車の前でスクラムを組み、同ミキサー車に背中で寄りかかるなどの対抗措置も行っているように見受けられる場面もあったように思われる。しかし、地裁・高裁とも、そのような事実認定は行っていない。また他方で、関生支部組合員らは、同組合員の就労に関する対話を敷地内で行うことを求め、産業別統一的ストの対象ではない車両や人の入出場についてはこれを妨げることなく、北神戸運輸と書かれた車両の前にスクラムを組む、座り込むなどのことは基本的なかったように見受けられるが、そのような事実認定も、本件地裁・高裁にはない。

(4) 原判決はさらに、「関生支部による争議行為の相手方となる使用者」や「関生支部の組合活動の対象となる使用者」という表現も用いていた。

(5) 前掲・榊原「原判決・判批」労旬一九七七号(二〇二一年)三九頁。

(6) その結果、「たとえ団交応諾義務のある相手方に対するものであっても正当な団体行動の範囲が……大幅に狭められる」こととなることの問題性については、榊原嘉明「富士美術印刷事件東京高判・判批」法時八九巻一三号(二〇一七年)二八九頁を参照。

(7) なお、すでにそれ以前にも、あくまで被告らの主張に応える中ではあったが、「原告会社は、被告組合員との関係で労働組合法上の団交応諾義務を有する使用者とは認められないから、組合活動によっていかなる不利益をも受ける立場にない」と判示する下級審裁判例があった(トクヤマエムテック事件・大阪地(第五民事部)判平二三・九・二一(労判一〇三九号五二頁))。

(8) 野川忍「判批」ジュリ一四八一号(二〇一五年)九六頁。

(9) 例えば、中窪裕也「労働法の集団的権利」西谷・道幸編『労働法理論の探求』(日本評論社、二〇二〇年)一七五頁、同「団体行動権の意義と構造」日本労働法学会編『講座労働法の再生(五)労使関係法の理論課題』(日本評論社、二〇一七年)一五四頁、川口美貴「判批」平成二五年度重要判例解説(二〇一四年)二四四頁など。

(10) なお、この東海商船事件・東京高判は、一方で、職能別労働組合である被告組合と要求名宛人である原告会社との間に「団体交渉の行われるべき労使関係」はないとしつつ、他方で、かかる「青色証明書」取得を通じた「間接的」な「被告組合の組合員の労働条件の維持・改善」という目的は「不当」ではないし、「これを行うについて船主と船員との間に労働争議が存在する必要がない旨の被告らの主張も、これを是認することができる」と判示していた。また、同事案における団体行動の態様は、そもそも、同判決をして「平和的な説得の範囲をすでに逸脱している」ものであったといわしめるものであった。前掲・御國ハイヤー事件最判における判断枠組みを前提とする限り、同判決における「団体行動を受ける者の有する権利、利益を侵害することは許されないものと解するのが相当である」との判示は、同事案の解決において、それほど大きな意味を有していたとはいえないであろう。その後の裁判例と異なり、あくまでリップサービス的位置づけに留まっていたというべきである。

(11) 同旨、木南直之「判批」労働一七五号（二〇一八年）一三一頁。

(12) 例えば、松田保彦「労働組合活動と民事上の免責」判タ二八二号（一九七二年）一六頁、山口浩一郎「争議行為綺論三則」石井照久先生追悼論集『労働法の諸問題』（勁草書房、一九七四年）三九頁。

(13) 石井保雄「判批」村中・荒木編『労働判例百選〔第八版〕』（有斐閣、二〇二二年）一八三頁参照。

(14) 本判決は、以下本文に適示する点に加え、前掲・富士美術印刷事件東京高判が憲法二八条の本旨について判示する部分、同条の保障対象につき「直接には労使関係に立たない者」との表現を用いてやや敷衍する部分、さらには争議行為の中心的内容について言及する部分を引用していないなどの修正点がある。

(15) もっとも、土岐将仁「判批」季労二六一号（二〇一八年）一八〇頁は、前掲・富士美術印刷事件東京高判につき、「従来、雇用主に対するストライキが正当なものであれば、これによりその取引先が損害を被ったとしても、労働組合に対して損害賠償請求はできないと解されており、『使用者』についても、厳格な文理解釈はなされていない」ことからすれば、「労組法八条への言及もリップサービス的な意味合いしか持たないと考えられる」と指摘する。

(16) 前掲・榊原「富士美術印刷事件東京高判・判批」法時八九巻一三号（二〇一七年）二八九頁参照。

(17) なお、前掲・土岐「判批」季労二六一号（二〇一八年）一七六頁は、同事件東京高判につき、同判示を慮るに、そもそも「『労使関係』というあいまいな表現を用いずに、相手方が雇用主ではないことにより直ちにその正当性が否定されることはないと端的に述べれば足りたのではないか」と指摘する。

(18) 同判決の翻訳として、榊原嘉明「支援ストライキの適法性が認められた例」名経法学四五号(二〇二二年)一頁。なお、同判決は、本文引用部分と同じ段落(同訳Rn.34)において、「支援ストライキの実施対象である使用者が、原労働争議において労働組合が追求している要求に自ら応じることができず、又は『その』加盟する使用者団体において要求実現のために尽力できないからといって、そのような事情は、社会的対抗者に対する圧力を強化し、原労働争議に影響を与える支援ストライキは全般的に不適切である、ということを意味するものではない」とも判示している。

(19) しかも、そのような使用者間における経済的及び地域的な結びつきは、とりわけ「中核となる企業及び水平的提携関係にある企業を頂点として、垂直方向に下請け企業が位置」する「ネットワーク型ビジネスモデル」においては、「ひとたびコストセンター認識されれば……それがどれだけ専門的知識と訓練が必要だとしても、スキルレベルが労働条件とリンクすることはない」との指摘(山崎憲「AIやIOTといった科学技術とグローバル化の進展が人事労務管理に与える影響に関する一考察」経営論集(明治大学)六六巻二号(二〇一九年)二四四頁)が、すでに経営学においてなされている。

(20) BAG二〇〇七年判決(とりわけ、前掲・榊原訳Rn.45 - 48)参照。

(21) なお、このように理解した場合、関生支部に所属するセメント輸送業組合員の同盟罷業は、いわゆる「支援スト」であるということになる。そうした場合、その正当性がさらに問題となるが、学説上、少なくとも「産業別統一支援スト」類型については、その適法性を原則的に認める(西谷敏『労働組合法〔第三版〕』〈有斐閣、二〇一二年〉四一七頁、外尾健一『労働団体法』〈筑摩書房、一九七五年〉四二九頁など)か、又は例外的に認める(菅野和夫「同情スト」日本労働法学会編「現代労働法講座(五)労働争議』〈総合労働研究所、一九八〇年〉八七頁、山口浩一郎「政治スト・同情ストと民事責任」法律のひろば三〇巻四号〈一九七七年〉一〇頁など）かの違いはあるものの、これを適法と解するものが支配的である。

(22) ドイツ連邦労働裁判所第一小法廷二〇一八年一一月二〇日判決〔1AZR 189/17〕（以下「ＢＡＧ二〇一八年判決」）なお、その邦語訳として、榊原嘉明「協約外企業敷地内におけるスト参加説得活動の適法性が認められた例」名経法学四五号（二〇二一年）二九頁〈引用部分は、同訳 Rn.35〉。

(23) 前掲・土岐「判批」季労二六一号（二〇一八年）一七七頁及び前掲・木南「判批」労働一三一号（二〇一八年）一七五頁参照。

(24) この点、例えばＢＡＧ二〇一八年判決は、「（営業の自由の――引用者注）内容及び限界は、個別事例において具体的に衝突する他者の利益との比較考量を経て初めて明らかとなる」ものであり、「それぞれの権利の保護範囲に対する侵害が違法となるのは、関係人の利益が他方当事者の保護に値する利益に比して優位におかれる場合だけである」（前掲・榊原訳 Rn.50）旨を判示し、企業側の有する占有権の侵害についても、これを所有権（ドイツ基本法一四条）と団結の自由（同九条三項）の相克の問題として捉えたうえで、同事案については、「かりに事業用敷地という場所の特殊性に鑑みて、原告が求めるとおりに利用を差し止めるとすれば、基本法九条三項に含まれる、労働意思のある者とコミュニケーションを取り、ストライキに参加するよう説得してもよいという権利は、事実上、抹殺されることになろう」（同訳 Rn.32）などと判示し、後者における利益の「優位」性を認めている。

(25) 本判決は、それ以外にも、「到底平穏なものとはいえない」などと評価している。そのような評価をするにあたっては、本件のスト参加説得活動が行われていたセメントの出荷基地である大阪港ＳＳは、多数のセメント輸送業者だけでなく、それ以外の業務を担う者も出入りするような場所であったように思われることに鑑みれば、関生支部の各判示行為が、要求相手方である大阪広域協組の組織対象範囲にある生コン製造・

販売会社にセメントを出荷する輸送車に限定せず行われたものであるかどうかに関する事実認定は、重要であったように思われる。しかし、そのような事実認定は本判決中に見当たらない。

(26) 前掲・BAG二〇一八年判決も、「原告自らが実施した短期間のストライキ措置の期間内に限定した」(前掲・榊原訳 Rn.31) 協約未締結企業の企業駐車場内における都合三日間にわたるスト参加説得活動を、結論的に適法としている。

(27) BAG二〇〇七年判決(前掲・榊原訳 Rn.45)。

(28) 実際、本件においても、被害企業である植田組がその事務所を置いていた大阪港SSは、セメント製造・販売を業とする宇部三菱の所有であったし、宇部三菱の子会社の元取締役は、別訴によれば、本件当時、本件団体行動の(法的には二次的な)要求名宛人であった大阪広域協組の代表理事を務めていた(国・中労委〈関西宇部〉事件・東京地判令二・三・二三労判一二三七号八八頁参照:なお、共同受注・共同販売を行う協同組合である大阪広域協組は、とりわけ、その統制に従わない場合には当該企業に対し業務の割り振りを行わないこともできるという意味において、生コン輸送運賃の動向に大きな影響力を行使しうる存在であったといえよう)。さらに、ダイワNも、セメント輸送業だけでなく、生コン製造・販売業も兼ねる会社であった。

(29) BAG二〇〇七年判決(前掲・榊原訳 Rn.35)。なお、同判決は、基本法九条三項によって保障される団結の自由の一内容として、「団結は、ある争議行為が社会的対抗者に対して圧力を加えるのに適切かどうか……を評価する裁量権を有する」ところ、このような「優先的評価権は、原則として、どの争議手段を講じるかという問題に関してだけでなく、誰に対してこれを行うかに関しても及ぶ」などと判示する(同訳 Rn.26 参照、傍点は引用者による)とともに、「いつ、誰に、どのような労働争議手段が必要であると位置づけるかの判断は、……労働組合の責務である」のであり、司法が一定の「予断をもって、……必要性を否定することはできない」などと判示している（同訳 Rn.36 参照）。

（30） なお、関生支部と大阪広域協組（さらには、その加盟会社の一部が加盟する大阪兵庫生コン経営者会）との間には、これまでにもすでに各種やりとり（や集団交渉）があったことやその一部内容については、別訴民事事件（全日本建設運輸連帯労組関西生コン支部（関西宇部）事件・大阪地判平二五・一一・二七労判一〇八七号五頁）においても認定されている。

（31） 菅野和夫『労働法（第一二版）』（弘文堂、二〇一九年）九九六、九九八頁。

（32） BAG二〇〇七年判決は、「密接な経済的結びつきは、コンツェルン法上の企業結合による場合以外にも、生産関係、サービス関係又は供給関係からも生じうる」（前掲・榊原訳 Rn.46）と判示したうえで、原ストの対象であった出版会社と、支援ストの対象であり、同出版会社が発行する新聞を独占的に印刷し、それゆえ同新聞印刷に関連する売上高が全体の六〇％に達していた印刷会社との間には、「直接的な生産／供給関係」（同訳 Rn.54）が存在していたと評価した。本件の被告人側による「専属輸送」に関する主張は、決して契約論的な文脈ではなく、このような文脈において理解すべきであろう。

第Ⅱ部　加茂生コン事件

加茂生コン事件◉有罪判決(一審)の論理

2012年1月頃	加茂生コンで、のちに組合員となるAさんが 日雇い手帳を持つ日々雇用労働者として就労開始
2015年頃	京都府下の大規模な日雇労働求職者給付金の不正受給事件をきっかけに、Aさんは 日雇い手帳を取り上げられ、社会労働保険なしの常用的日々雇用で就労させられる。

2017	事実経過
10/16	Aさん組合加入。 正社員化を要求して団交申し入れ ➡**会社** タイムレコーダー撤去
11/初	Aさん、就労証明書の交付を申し入れ ➡**会社** 押印拒否（組合加入以前は押印）
/06	**会社** 防犯カメラ設置
/07	**組合** 事務所を訪問。団交を催告
/14	**会社** 組合に「社員はいない」「廃業する」
/17	**組合** 事務所を訪問。団交を催告
/18	内容証明郵便で団交催告 ➡**会社** 受け取り拒否（28日に返送された）
/20	**組合** 事務所を訪問。 「廃業」につき団交催告
/22	**組合** 事務所を訪問。就労証明書を催告
/27	**組合** 事務所を訪問。就労証明書を催告
	15:30頃、木津川市職員と電話で 話していた社長夫人が「高血圧緊急症」で 救急車を呼ぶ。組合は「仮病」を疑う
/28	**組合** 事務所を訪問。就労証明書を催告 （同日、Aさんは就労証明に代わる 暫定的措置で保育所手続）
/29	**組合** 事務所を訪問。就労証明書を催告
/30	**組合** 事務所を訪問。就労証明書を催告
12/01	工場操業休止。Aさんの仕事なくなる **組合** 事務所を訪問。 業務提供と就労証明書を催告
/02	**組合** 監視活動を開始

検察：全て強要

判決の認定：要求行為（10/16～11/27）

「就労証明書はAの就労に関連するもの。関生支部がした要求行為の目的自体は，一応は正当なもの」
「関生支部が偽装解散等を疑い，強く団体交渉を求めることに理由がないとはいえない。･･･会話全体の状況や内容からして，団体交渉の要求を越えて脅迫に至っているとまではいえない。」

判決の認定：強要（11/27 15:30頃以降）

「安井と吉田は社長夫人の体調不良を認識したはずだが，その後も約10分間，「嘘やろ」とか「書いてもらえるまで帰られへん」などの発言を繰り返し･･･身体，自由，財産に対する直接的な加害を告知したわけではないことを考慮しても，継続的な訪問及び要求行為，監視行為をやめてほしければ就労証明書の作成・提出をするよう，黙示的に身体，自由，財産に対する危害を加えかねない気勢を示して害悪を告知したものといえ，強要未遂罪の実行行為である脅迫に該当する」

「会社の対応が不誠実と捉えられてもやむを得ないものであったことは否定できない。しかし，それに対し，一定程度説得・交渉を試みる組合活動が許容されるとしても…なお会社の対応が改善しないという状況下において，しかるべき法的手段に訴えるのであればともかく，さらに心理的圧力を加えて要求を通そうとすることは，いかに労働組合であっても許されるものではない」

1　労働法理を踏まえれば無罪

吉田美喜夫

1　二〇二一年一二月一三日、大阪高裁で「加茂生コン事件」の判決が言い渡された。本件は、会社に対する関生支部の団交応諾および就労証明書交付の要求が「脅迫により義務のないことを強いる」強要未遂罪（交付はなかった）として二人の組合員が起訴されたものである。そして、二〇二〇年一二月一七日、京都地裁において、執行猶予付きながら有罪判決（懲役一年と懲役八月）が下された。本判決は、その控訴審判決で、前者は罰金三〇万円、後者は無罪となった。

2　本件の本質は労働事件であるから、労働法理を踏まえたかが重要であり、この点、刑罰の構成要件への当てはめに終始することなく、組合活動であることに理解を示した判断がなされたので、労働法学会の有志声明に応えてくれたと言える。

3　原審では、就労証明書の交付を求めているとき取締役が体調不良を起こしても行動を続けた点が有罪の決め手であったが、この取締役は、それまで組合と渡り合ってきた人物である。一般市民同士ではなく労使関係での行動であることを踏まえ、組合員らが体調不良を仮病と疑ったのも「無理からぬ面がある」と好意的な判断をしている。

4　本件の焦点は、就労証明書の交付要求が義務のないことを強いたかにあった。本判決では、就労証明書の交付は、法律上の義務でなくても使用者の「社会生活上受忍すべき」義務とした。既存の定義に当てはめることに汲々とせず、「一歩新しい定義を作り出し」て判断したものであり、有能な裁判官の好例である（花田達朗『世界』二〇二一年一一月号二一三頁）。この点、私見では、ワーク・ライフ・バランスが法定（労働契約法三条三項）されている現在では、育児に必要な協力をすることは使用者の基本的な義務と言うべきであるから、端的に「労使関係では受忍すべき」義務とした方が適切だったと考える。

5　検察官は、団体交渉の申入れ以降、行動の全体を強要に当たるとした。原審は、これを限定して、取締役が体調不良になるまでは正当な組合活動だとした。しかし、偽装廃業を疑った監視行動も就労証明書の要求行動と見た。これは、体調不良以降の行動だけで重罰を科すのは無理と判断したからではないかと思われる。これに対し、本判決では、廃業の監視行動であったことを認定した。

6　組合役員が罰金となったのは、就労証明書の要求行為についてではなく、最後となる一二月四日の会社への訪問の際に、別の組合役員が怒号などをした行動を止めなかった点を捉えて脅迫の共犯に当たるとしたものであって、一連の行動のごく一部を捉えたに過ぎない。主体的に行った行為でもないので、あえて有罪にできる事実を穿り出したとさえ言える。この点では、裁判官が司法官としてより、本来はその任にない行政官としての配慮をしたせいではないかと疑われる。その意味で、罰金を宣告された組合役員も含めて、加茂生コンに対する一連の組合活動は、全体として実質的には無罪とされたものと評価できる。

2

〈判例研究〉労働組合活動に対する強要未遂罪の適用の可否

――全日本建設運輸連帯労働組合関西地区生コン支部「加茂生コン（村田建材）事件」控訴審判決
（大阪高判令三・一二・一三）

立命館大学教授
松宮孝明

一　はじめに

本判決は、全日本建設運輸連帯労働組合関西地区生コン支部（以下、「関生支部」）の幹部らが二〇一八年の夏以来受けている一連の刑事訴追事件（以下、「関生事件」）を成すもので、本誌（労働法律旬報）では「加茂生コン（村田建材）事件」[1]などと呼ばれている事件の控訴審判決である（大阪高判令三・一二・一三労働法律旬報二〇〇四号五九頁）。以下、その事実の概要と判旨を紹介し、他の関生事件に関する裁判例や類似の裁判例と比較して、その意義を明らかにする。

二　事実の概要

本件は、上記関生支部に所属する組合員であるXおよびYが、本件の被害者Aが取締役を務める株式会社村田建材（以下、「M建材」）の日雇運転手であるBが関生支部に加入したことを契機として行なった、Bの正社員化や一時金支払いなどを要求する団体交渉の申入れをM建材が拒否し続けたなかで二〇一七年一一月末から翌月にかけて起きた事件である。この過程で、Bの子の保育所継続利用のために必要となったBの就労証明書の作成・提出を、前年までと異なりM建材が拒否するという事態が生じたため、被告人らはその作成・提出を求めて同社事務所への訪問を重ねたところ、交渉の相手となっていたAが高血圧緊急症によって体調不良に陥った。それにもかかわらず、被告人らはなおも上記就労証明書の作成・提出を執拗に求めたうえ、さらに、その後に被告人らとともにM建材の事務所を六回訪問した、同じく関生支部の組合員であるZ（分離前相被告人）と共謀し上記就労証明書の作成・提出を強要したが未遂に終わったとして、原審（京都地判令二・一二・一七公刊物未登載）により強要未遂罪の共同正犯（刑法六〇条、二二三条一項、二項、三項）を理由にXは懲役一年執行猶予三年、Yは懲役八月執行猶予三年の有罪判決を受けた。

これに対して被告人側から控訴がなされたところ、本判決は原判決を破棄し、Xには脅迫罪（刑法二二二条）を理由として罰金三〇万円を言渡し、Yは無罪とした。

三　判旨

(1)　本判決は、原判決は強要罪の解釈・適用を誤り、ひいては事実を誤認したもので、強要未遂罪を認めるべきではなかったとして、次のように述べた。

(2)　まず、本件の背景にある「違法行為を指摘して是正を求めるコンプラ活動には、正当な社会改善運動という一面があることは否定されない」が、「関生支部のコンプラ活動は、自らの政策目標に合わない生コン会社を対象にして行われていると認められるから、純粋に社会改善を目的にしているとは考えられ」ず、「生コンをミキサー車に積載してから建設現場での打設までの間にコンプラ活動が行われれば、これに対応している間に生コンは使用できない状態になるなどし、その結果、生コン会社は甚大な被害を受けることになるため、コンプラ活動は生コン会社に対する圧力として機能しており、関生支部側もそれを認識した上で意図的に行っていたことは明らかであり、原判決は、そのような観点からコンプラ活動を解釈したものとみられ、その点に誤りはない。」

(3)　しかし、強要未遂罪の構成要件該当性については、まず、刑法二二三条一項にいう「人に義務のないことを行わせ」に関し、被告人らがM建材にBの就労証明書の作成・提出を要求したことはこれに当たらない。すなわち、「原判決は、強要罪における『義務のないこと』の義務を、具体的な法的義務と解しているようであるが、妥当ではな」く、「『義務のないこと』の義務を法的義務に限るとすれば、裁判上要求できるような具体的な権利・義務関係のない限り、相手方の意思活動が保障され、行為者側の行為は禁圧されかねない」うえに、「人は、社会生活を営む上で、法的義務までなくても、条理上、道徳上等受忍しなければならないことは種々あるから、相手方はその限度で要求を受けてもやむを得ないし、行為者側からみれば、そのようなことを要求するのは許容されてしかるべきである。したがって、ここでいう『義務』には、法律上の義務のほか、『社会生活上受忍すべきこと』も含むものと解するのが相当であり、そのように考えないと、相手方の自由を不当に保護し、他方で行為者側の自由を、刑罰、それも三年以下の懲役という、罰金刑を選択する余地のない刑罰をもって制約することになり、不当である」から、「その行為がなされた際等の具体的な事情を考慮して『義務のないことを行わせ』たといえるかを判断するのが相当である。」（傍線筆者）

なお、原判決は「強要罪における『脅迫』行為に該当するかの判断に際して、社会的相当性に配慮しているし、原審弁護人の正当行為の主張に応えて、さらに社会的相当性を検討している。原判決は、強要罪における『義務』自体は法律上の義務と解しつつも、そのような形で社会的相当性を吟味することによって処罰範囲が不当に拡大するのを防止したとみることもでき、実際にも、原判決は、強要未遂罪として起訴された一連の事実のうちの一部のみを犯罪と認定している。」

(4)　以上の前提で判断すると、本件では、「就労証明書の提出が保育所継続利用のための原則的な方法」であり、「M建材側は、そのような事情を把握していた上、平成二八年までの四年間Bの子の保育所利用のためにBの就労証明書を発行し続けてきたという経緯」もあることなどからすれば、「M建材には、就労証明書の作成等をすることによって、Bの子の保育所継続利用を援助する事業主としての責務があったというべきであ」るうえ、本件における就労証明書の不作成等が不当労働行為を禁ずる労組法七条のうちの第一項にいう「不当な不利益扱い」に当たるのであれば、「それはM建材としては『してはならないこと』なのであるから、逆に、就労証明書の作成等が法によって命じられると考えることも全く不可能ではな」く、M建材がBの組合加入直後に「従前の取扱いを変更したことからみて、組合員であるがゆえの不当な不利益取扱いをした疑いは否定できない。」

(5) なお、M建材側がBを一人親方――自らの計算で活動する独立事業者――であって「労働者」に当たらないという見解を示していることについては、「これは明らかに誤って」おり、「Bは自らのミキサー車を所有しているわけではなく、M建材に呼ばれたときに同社が保有するミキサー車を運転する形で働いており、その際、ミキサー車のガソリン代や修理代を負担することもなかった」のであるから、「これを傭車会社と同質の一人親方……などと主張するのは論外というほかない……。」

(6) 以上から、M建材には「就労証明書を作成・提出する、少なくとも社会生活上の義務があるというべきであり、被告人両名が、M建材に対して就労証明書の作成等を求めても、『義務のないことを行わせ』る行為とはならない。」

(7) もっとも、「義務のあることの実行を求める場合でも、その手段として暴行・脅迫を用い、その態様等が社会的に相当な範囲を超えていれば、相手方としては、そのような行為を受忍しなければならないとはいい難く、……強要(未遂)罪の成立を認めるべき場合があることも否定できないと思われるから、さらに、検討を加えることとする。」

Aが体調不良となった時点より後の要求行為を原判決が「脅迫」に当たるとした点につき、「M建材にはBの就労証明書を作成・提出する義務があり(M建材にはこれに応じない正当な理由はない。)、原判決は前提を誤っている。」就労証明書の作成等に関する「Aの曖昧な対応に対し、被告人両名の態度が明確な返答を求めようと執拗なものになったのはある程度やむを得ないことであ」り、Aの「体調不良の訴えは突然の出来事だったといえ」、本件の「背景や経緯、状況を考慮すると、被告人両名がAの体調不良をにわかに信じられず、仮病を疑ったことは無理からぬ面があり、その結果、就労証明書の作成等を要求し続けた点も強く非難することはできない」うえに、「この場面で被告人両名は、救急車の依頼や搬送の妨害にも、……暴言の類にも及んでいない」のであって、Aの息子の懇願を被告人両名が無視したことを「強調して、被告人両名のこの行為の悪質さ、ひいては、社会的相当性の欠如を導くことはできない。」

「以上によれば、……Aが体調不良になった時点より後の要求行為についても、原判決が認定したような『脅迫』行為は認めることができない。」

その結果、二〇一七年一二月四日の「脅迫」を除き、「M建材、特にAに対する被告人両名の行為が、強要未遂罪の構成要件に該当しないことは明らかである……。」

(8) なお、原判決が、M建材が関生支部のコンプラ活動によって売り上げが減少した事実を、その強要未遂罪認定の相応の理由としているのであれば、それは不当であり、「コンプラ活動を受けたからといって、就労証明書の作成・提出の義務がなくなるわけではないし、本件強要未遂罪の成立に有意な影響を与えるものではない。」

(9) もっとも、被告人らの二〇一七年一二月四日の訪問では、Aらに不誠実な対応があり、X自身の発言や言動については「幾分粗野な面があったことを考慮しても、社会的に不相当なものであったとみる原判決の判断は到底是認し難い」が、Zが盗撮を疑いM建材側が警察を呼んだことについて強硬に謝罪を求め、その際のAの言動に激高し怒号した行為については、「その害悪告知はAを畏怖させるに十分なもの、すなわち脅迫と認められる。」

「そして、Zが（当該）発言をする少し前から、被告人Xは携帯電話で話をしながら同事務所の外に出ていたが、一連の謝罪要求はもともと被告人Xが始めたものであり、被告人Xが同事務所の外に出る直前に、自らAに対して謝罪を要求し、Zはかなり声を荒げて謝罪を要求していたこと、Zの（当該）発言時を含め、被告人Xは同事務所の外に出た後もその出入り口付近にいたこと、被告人Xが同事務所内に戻ってきた時点でZのAに対する怒号は終わっていなかったが、被告人XはZに注意するなどせず、自ら改めてAに対して謝罪を求めてもいることなどからすると、被告人Xは、Zの……発言による害悪告知について、Zと暗に意思を通じていたものと認められ、脅迫罪の共同正犯の責任を免れない。」

(10) 他方、Yについては、当初の訪問目的であった就労証明書作成等の要求とは直接関係のない盗撮の疑念や警察への通報に対する怒り、不快感等を契機にXとZが始めた謝罪要求が脅迫に発展したもので、Yは事務所の外におりXやZに同調したとみられる事情も見当たらないとして、同罪の共謀を否定している。

(11) なお、この「脅迫」は組合活動とは直接関係のない腹立ちと不快感から行なわれたものであるから、組合活動としての正当行為と認める余地はなく、同時に、これは「いわれのない謝罪要求」として強要未遂罪を構成する余地が考えられないわけではないが、この謝罪要求は「義務のないこと」として訴因に明示されておらず、またXとZは謝罪を口実にAを脅してうっ積を晴らそうとしたものとみるのが自然であり、強要未遂罪は構成しない。

四　解　説

1　本判決の意義

本判決は、冒頭で述べた関生支部組合員に対する一連の刑事訴追事件の一部について、公訴事実の大部分を無罪とした点で、注目されるべきものである。この一連の事件については、労働組合である関生支部が生コンを製造販売する企業の協同組合と協力し、生コンの品質確保と安定供給を図り、不当廉売を抑止して適正価格を維持し、もって組合員の賃上げ等の労働条件の改善を図ってきたという背景がある。このことが、関西における生コン価格の相対的上昇をもたらしており、コスト削減や人員削減しか頭にない日本の財界[2]から嫌悪されていたという[3]。

その点では、関生支部のコンプラ活動を「自らの政策目標に合わない生コン会社を対象にして行われていると認められるから、純粋に社会改善を目的にしているとは考えられ」ないとした本判決も、同じ視野狭窄に陥っている。というのも、「自らの政策目標に合わない生コン会社」あるいは生コン業者の協同組合に属さない「アウト企業」というのは、実は、「共同受注・共同販売」の単位となる協同組合に加盟せず、品質低下や労賃引下げなどによって生コンを廉売し、それによってコスト削減を図るゼネコンの需要に応えようとする業者か、または協同組合単位で関生支部との協定を破ろうとする業者団体を意味するからである[4]。したがって、そこにいう「自らの政策目標」には、生コンの品質保証や安定供給、さらには構築物の安全確保という「公益」が含まれる。また、最近では、労働者を守ること自体が、「積極的労働市場政策」として成長を促す経済政策となることも指摘されている。(5) つまり、この「自らの政策目標」は、経済から見ても、公益性のあるものなのである。

2 強要罪の要件としての「義務のないこと」

もっとも、コンプラ活動の評価は、本判決の罪責認定にはほとんど影響していない。とくに、強要罪の要件としての「義務のないこと」について、本判決が、「ここでいう『義務』には、法律上の義務のほか、『社会生活上受忍すべきこと』も含む(6)」と述べたことが注目される。

学説では、「この場合義務とは必ずしも法律上の義務である必要はなく、社会生活上、行なうことが相当である行為を含む。」という見解が有力であり、本判決もこれに沿ったものと思われる。また、その認定には、「目的」と「手段」とを総合した慎重な法益較量が必要だとする見解もある。(7)

もっとも、「社会生活上、行なうことが相当である行為」にまで広げる見解に対しては、かえって本罪の限界が不明確になるというジレンマを指摘したり(8)、本罪の構成要件該当性は否定されず、その可罰的違法性が否定されうるにすぎないとしたり(9)する見解もある。

さらに、実務家の中には、隠匿物資の摘発に関する最大判昭二四・五・一八刑集三巻六号七七二頁をして、「道徳上の義務がある場合でも法律上の義務がない場合には、強要罪の成立に欠けるところはないということを前提としている。(10)」と評するものもある。

ここでは、「法律上の義務」と「法的義務」を区別しなければならない。というのも、「法的義務」には、法律＝制定法以外に慣習法や当事者の合意にもとづく義務、つまり「実定法上の義務」も含まれるからである。[11]「社会生活上の義務」(Verkehrspflicht)[12] という言葉も、このようなものを包含するものである。したがって、要求者と被要求者の具体的な関係から、制定法には根拠がなくても、いきなり「道徳上の義務」に飛躍する前に、慣習法や当事者の合意にもとづく「法的義務」が探究されなければならない。

この点では、本判決は、「道徳上」という言葉は用いているが、「就労証明書の提出」等の拒否について、M建材がBの組合加入直後に「従前の取扱いを変更したことからみて、組合員であるがゆえの不当な不利益取扱いをした疑いは否定できない。」として不当労働行為(労組法七条)の合理的な疑いを示唆しているのであるから、実は、少なくとも被告人らはM建材に「法的義務のないこと」を要求したとは認定できないとしたものと解される。[13] したがって、どの学説に拠ろうとも、本判決の判断は支持される。

他方、本判決は、「義務のあることの実行を求める場合でも、その手段として暴行・脅迫を用い、その態様等が社会的に相当な範囲を超えていれば」強要罪の成立可能性があるとする。この一般論については、学説の中に、暴行罪や脅迫罪にとどまるとする異論がある。[14] 条文上の「義務のないことを行わせ……た」に該当しないからである。

これについては、債権者が社会通念上容認できないような暴行ないし脅迫を用いて債務者に貸金を返済させた場合に恐喝罪の成立を認める判例の傾向から、強要罪の成立可能性を否定できないとする指摘もある。[15]

しかし、それは強制執行でなければ債務の履行は任意であることから「不任意な債務履行」の義務がないためであって、[16] 雇用関係のある者に対する就労証明書の作成等が「不任意な」ものになるのは、相当に強度の暴行・脅迫が行なわれた場合であろう。それゆえ、本判決がいうように、「その手段として暴行・

脅迫を用い、その態様等が社会的に相当な範囲を超えて」いれば、それは結果的に「義務のないこと」を行なわせようとしたことになるように思われる。

3 強要罪の要件としての「脅迫」

したがって、本判決が本罪の成否を論じるためにその手段である「脅迫」を検討したことは、妥当である。そして、その際には、「社会生活上の義務」の履行を拒否する相手方の態度とそれに対する対応の態様も、諸般の事情として具体的に考慮しなければならない[17]。

ここで本判決は、就労証明書の作成等に関する「Aの曖昧な対応に対し、被告人両名の態度が明確な返答を求めようと執拗なものになったのはある程度やむを得ないこと」として相手方の態度を考慮し、他方、突然のAの体調不良の訴えに、本件の「背景や経緯、状況を考慮すると、被告人両名がAの体調不良をにわかに信じられず、仮病を疑ったことは無理からぬ面があり、その結果、就労証明書の作成等を要求し続けた点も強く非難することはでき」ず、救急搬送の妨害や暴言にも及んでいないことを重視して、被告人らの要求継続が「社会的相当性の欠如」を導くものでないとする。

注目されるのは、本判決が、これにより、被告人らの行為を「強要未遂罪の構成要件に該当しない」と述べていることである。というのも、刑法学では、社会的相当性（Sozialadäquanz）を違法性阻却の一般原理とする見解が、いまだに有力だからである[18]。しかし、「歴史的に形成されてきた社会生活の秩序内での活動」というその定義から、提唱者のハンス・ヴェルツェルは、「社会的に相当な行為は犯罪の構成要件に該当しない」という結論に至った[19]。本判決は、社会的相当性を、正しく、構成要件の解釈基準として捉えている。[20] 本判決は、相手方の具体的な対応を考慮して労働事件における社会的相当性の判断をし、本罪の構成要件該当性を否定した点で、秀逸のものである。

あわせて、コンプラ活動の評価については本判決に、先に述べたような視野狭窄はあるが、「コンプラ活動を受けたからといって、就労証明書の作成・提出の義務がなくなるわけではない」等として、コンプラ活動と就労証明書作成等とを切り離したことも、妥当であろう。

4 脅迫罪の認定

これに比べてXに脅迫罪を認定した点については、物足りなさが残る。というのも、強要未遂罪の検討では相手方の対応を具体的に考慮したのに対し、ここでは、約束の時間に訪問したにもかかわらず、被害者側の――それが事実でなかったとしても――盗撮を疑わせる行動や実際に警察を呼んだことについて、しかもXではなくZが感情を昂らせて行なった発言に対し、Xにその共同正犯の罪責を認めているからである。

脅迫罪もまた、相手方を畏怖させる害悪を告知する行為である。もっとも、その成立に相手方を畏怖させる意思が必要かどうかについては、下級審判例で争いがある。「大審院の判例には、一般論として畏怖させる意思を必要とする旨の判示をしているものが多い。[21]」という指摘があり、また、戦後、同様の下級審判例もある。そこでは、労使交渉において「お前みたいな奴は二階の窓から放り出してやる。」といった発言があったにもかかわらず、「おそらく一時の昂奮に駆られ、いわゆる売言葉に買言葉として、不用意に発せられた放言ではなかろうかと考える余地が残されている」等と判示して同罪の成立が否定されたものも認められるのである。[22] 他方、相手が畏怖する害悪の告知であることの認識で足り、畏怖させる意思ないし目的までは不要としたものもある。しかし、否定説の裁判例は、いずれも結論として脅迫罪の成立を否定している。[23] したがって、それが判例の傾向と断ずることはできない。

この点については、故意における「確定的認識」が「意図」と並んで「確定的故意」の一種として扱われることから見て、自己の告知する害悪が「一般的にみて人をして畏怖の念を生ぜしめるに足る害悪であること」を確定的に認識しつつ告知することが求められていると解してもよいであろう。

この点から見れば、本件では、二〇一七年一二月四日の訪問におけるZの発言がそのような「確定的認識」をもって行なわれたとするには、いささか疑問が残る。これもまた、「おそらく一時の昂奮に駆られ、いわゆる売言葉に買言葉として、不用意に発せられた放言」ではないかと疑う余地があるからである。

5 共謀の認定

さらに、Zの発言につきXに共謀による共同正犯を認めた点にも問題が残る。本件において「脅迫」と認定されたZの発言は、同日午後四時三三分頃のものであり、Xはその約一分後に事務所内に戻ってきて、Aに対し就労証明書の作成等をするつもりがないことを一度確認して午後四時三七分頃にZと共に退出している。

問題は、Xが事務所内に戻る前に始まってしまったZの「脅迫」について、Xが同事務所の出入口付近にいたこととZに注意しなかったことをして、「共謀」共同正犯を認めたことにある。というのも、すでに他の者が構成要件実現に必要なことの大半を終えているために行為者が以後の経過に影響を与えず犯罪実現を促進しなかった場合には、他の者によって作り出された状態を認識し、是認し、場合によっては利用したとしても、共同正犯は成立しないからである。[24] あわせて、成人間での犯罪阻止義務は、原則として認められない。[25]

本判決は、Zに「脅迫」について事前にはXとの間の「共謀」を認めておらず、また、Zの怒号中のいつの時点で意思を通じたかも明らかにしていないのであるから、Xの「促進的影響」は認定できず、かつ犯罪阻止義務も認められないはずである。これでは、「共謀」は認定できない。

6 強要・恐喝と畏怖

付言すれば、先に述べた4との関係で、強要罪および恐喝罪の既遂では、現実に相手方を畏怖させることが必要である。これに対し、脅迫罪では、相手方を畏怖させるに足りる害悪の告知または暴行でよい。この点につき、一連の関生事件に関する裁判例のひとつである大阪地判令三・七・一三（LEX/DB 25590681）は、被害者を畏怖させたとまでは認められないとして、公訴事実にあるコンプラ活動に対する恐喝罪の成立を否定し、さらに金銭交付の要求も認められないとして同罪の未遂の成立も否定している。[26] もっとも、同判決は、その「判示第一事実」については、被告人らが相手方を畏怖させたとも、同人らに畏怖させる目的があったとも認定していないにもかかわらず恐喝未遂罪を認定している。「不穏当な発言」や「気勢を示す」だけでは、「相手方を畏怖させるに足りる害悪の告知」には当たらないのであるから、これは矛盾である。

7 産別・業種別組合の争議と威力業務妨害

さらに付言すれば、1で触れたコンプラ活動に対する視野狭窄は、右の大阪地判令三・七・一三や、同じく関生事件に関する大阪地判令二・一〇・八（労働法律旬報一九七七号六三頁）においては、威力業務妨害の判断に悪影響を与えているように思われる。というのも、これらの裁判例では、「アウト企業」である生コン製造販売業者やそれと連なるバラセメント輸送業者に関生支部所属の組合員がいなかったことからただちに「関生支部による争議行為の相手方となる使用者ではない。」と結論づけ、争議行為を理由とする正当行為の主張を排斥しているからである。

しかし、企業別組合と異なり、関生支部のような産業別・業種別組合では、同種企業の中にたまたま組合員がいないところがあったとしても、同一産業における労働条件や作業環境の共通性を基礎として共通の労働条件の改善を求める運動の対象になりうるものと思われる。現に、欧米諸国では、産業別組合は資本主義の独占段階の組合組織として今日支配的地位を占めているといわれている。[27] むしろ、ことさらに組合員である労働者を排除した結果として組合員がいなくなったのであれば、それ自体が不当労働行為を疑われることになろう。それゆえ、裁判所が、組合員がいないことを理由に「争議行為の相手方となる使用者ではない。」と結論づけるのは、むしろ不当労働行為を助長することになりかねない。

その意味で、産別・業種別組合の争議の相手方となる「使用者」には、不利益扱いがなければ組合員を雇用する可能性のある業者およびそれによって構成される業者団体が含まれると解してもよいのではなかろうか。[28]

（1）　たとえば、熊沢誠「まともな労働組合の受難―全日本建設運輸連帯労組関生支部刑事訴追裁判鑑定意見書」労働法律旬報一九七五＝一九七六号（二〇二一年）一一二頁、久堀文「刑事事件化された組合活動―不当労働行為認定事件における組合員の逮捕・起訴」労働法律旬報一九七九号（二〇二一年）二六頁。

（2）　岩本晃一は、「日本企業の経営者は、ＩＴ投資に対する重要性の理解度が低く、なかなかＩＴ投資を行なわず、もし行ったとしても、企業の売り上げを増やす方向でなく、コスト削減や人員削減の方向で投資をするため、企業の売り上げ増に反映せず、国の景気を上向かせる方向で働かないとされている。それは各種のアンケート調査で明らかになっており、それが日本企業の国際競争力の低下の大きな要因となっている。」と指摘する。岩本晃一「ＩＴ投資で世界の潮流に遅れ、グローバル化で遅れた日本企業―国際競争力低下の大きな要因」（https://www.rieti.go.jp/users/iwamoto-koichi/serial/010.html　二〇二二年二月二一日参照）。

（3）　熊沢・前掲注（1）一二七頁参照。

（4）　これらの経緯につき、熊沢・前掲注（1）一一五頁以下参照。

（5）　これを指摘した諸富徹は、「資本主義の新しい地平が見えていなかった経営者は、ひたすらコスト削減で対処しようとした。中国への工場移転、賃下げ、労働者の非正規化である。だがその結果は、生産現場の疲弊と技能・士気の低下をもたらし、……日本企業の再生には決してつながらなかった。」と述べている。諸富徹『資本主義の新しい形』（岩波書店、二〇二〇年）一七八頁。

（6）　平野龍一『刑法概説』（東京大学出版会、一九七七年）一七四頁。

（7）　内田文昭『刑法各論〔第三版〕』（青林書院、一九九六年）一〇六頁、前田雅英『刑法各論講義〔第七版〕』（東京大学出版会、二〇二〇年）八二頁、中森義彦『刑法各論〔第四版〕』（有斐閣、二〇一五年）五一頁。

（8）　中山研一『刑法各論』（成文堂、一九八四年）一〇三頁。

(9) 曽根威彦『刑法各論〔第五版〕』(弘文堂、二〇一二年)五六頁、大谷實『刑法講義各論〔新版第五版〕』(成文堂、二〇一九年)九八頁。
(10) 大塚仁ほか編『大コンメンタール刑法〔第三版〕第一一巻』(青林書院、二〇一四年)五一一頁〔伊藤納〕。しかし、この判決は「他に法律上の事由の存在しない限り、これがために直ちに国民の各自又は任意の集団がそれぞれ自己のために直接該物資の保管者に対しこれが交付を要求し得べき権利ありとすることはできない。」と述べただけであって、一般的に法律以外の根拠にもとづく「義務」を否定したものではない。
(11) 制定法(Gesetz)と実定法(positives Recht)は、慣習法などの制定法ではない実定法が存在するにもかかわらず、往々にして混同される。ラートブルフの「制定法の形をした不法」(gesetzliches Unrecht)公式を「実定法的不法」と訳して法実証主義を法律実証主義と混同するのが、その典型である。
(12) Verkehrspflicht は、ドイツにおいて、労働者に対する使用者の安全配慮義務を中核として判例において展開された「法的義務」である。
(13) なお、本件に関する二〇一九年一二月一〇日の府労委決定では、二度にわたる団交開催要求通知文の受領拒否と団交拒否は不当労働行為と認定(労組法七条三号および二号に該当)されたが、二〇一七年一一月以降の就労証明書作成等の拒否は会社の廃業によるものとする会社の主張は不自然とも不合理ともいえないとされている(久堀・前掲注(1)二七頁以下)。しかし、これは不当労働行為性の証明が不足したということであって、不当労働行為でないことの合理的な疑いを超える証明を要する刑事裁判では、結論が異なっても問題ではない。
(14) 曽根・前掲注(9)五六頁、大谷・前掲注(9)九八頁。
(15) 中山・前掲注(8)一〇四頁、大塚ほか編・前掲注(10)五一一頁〔伊藤〕。
(16) その意味では、恐喝罪も、相手に「義務のないこと」を強制したがゆえに成立するものと解される。

(17) 久留米駅事件大法廷判決（最大判昭四八・四・二五刑集二七巻三号四一八頁）は、違法性阻却事由の有無を判断するにあたって、「その行為が争議行為に際して行なわれたものであるという事実をも含めて、当該行為の具体的状況その他諸般の事情を考慮に入れ」ることを要求している。これは、脅迫、強要、恐喝のような相手方との「交渉」が想定される犯罪では、その構成要件該当性の判断においても求められるものである。

(18) たとえば、福田平『刑法総論〔第五版〕』（有斐閣、二〇一一年）一四四頁、大谷實『刑法講義総論〔新版第五版〕』（成文堂、二〇一九年）二四一頁。

(19) H. Welzel, Das deutsche Strafrecht: Eine systematische Darstellung, 11. Aufl., 1969, S. 57. なお、ヴェルツェルの見解の変遷の詳細は、安達光治「社会的相当性の意義に関する小考」立命館法学三二七・三二八号（二〇一〇年）一四四四頁参照。

(20) これに対して、日本の従来の下級審判例では、社会的相当性は正当業務行為（刑法三五条）の一種として、違法性阻却事由と解されていることを指摘するのは、松宮孝明『先端刑法総論』（日本評論社、二〇一九年）五六頁以下。

(21) 大塚ほか編・前掲注（10）四八六頁〔伊藤〕。

(22) 金沢地判昭四一・一〇・一五判例時報四七五号六五頁。そのほか、岐阜地判昭三四・七・三〇下刑集一巻七号一七一八頁は、被告人が「酒を飲んでの一時の気まぐれ」で相手に対し、庖丁を「突然突きつけ」てはいるが、「突き刺すつもり」も、「脅迫する気持」もなく、また、「威し文句は何も言わなかつた」ばかりでなく、相手が「痛い」と言うと「何んぢやい」と言ってやめ、それ以上の乱暴はしなかったという事案について、「被告人には脅迫の意思のなかつたことを肯認するに足りるのであつて脅迫罪の成立することなきは勿論である。」と述べている。さらに、東京簡判平一四・三・六LEX/DB 25410481 は、「脅迫とは、畏怖心を生じさせる目的で害悪を告知することであり、通告される害悪の内容は具体性を帯び、害悪の発生が一応可能であると一般人に信じさせるに足りるものでなければならない。」と述べている。

（23） 東京高判昭三六・一一・二〇下刑集三巻一一・一二号九九三頁は「脅迫罪の犯意は一般的にみて人をして畏怖の念を生ぜしめるに足る害悪であることを認識しながらこれを相手方に加うべきことを通告することによって成立し、それ以上に特に相手方を畏怖させようとする意思の存在することを必要としない」としつつ、「その場のふん囲気は多分に説諭的であって必ずしも険悪なものではなく、少くともこれをもって一般人をして畏怖の念を生ぜしめるに足る害悪の通知であるとするには不十分」として、結論的には本罪の成立を否定している。また、大阪高判昭六二・九・一八判例タイムズ六六〇号二五一頁は、脅迫罪の成立には故意とは別に被害者を畏怖させる目的が必要であるとした控訴趣意を「独自の見解であって採用の限りではない。」としつつ、「害悪の告知」がないとして、これも結論的には本罪の成立を否定している。

（24） 近年のドイツ連邦通常裁判所の判例（BGHSt 65,42）が述べていることである。

（25） 東京高判平一一・一・二九判例時報一六八三号一五三頁は、強盗の手伝いをしようとしている同僚に対する犯罪阻止義務を否定している。

（26） この点の視野狭窄を指摘するものに、宮里邦雄「大阪ストライキ事件判決批判―産業別組合についての無知・無理解」労働法律旬報一九七九号（二〇二一年）三二頁がある。

（27） 早川征一郎「産業別組合」日本大百科全書（ニッポニカ）の解説より（https://kotobank.jp/word/%E7%94%A3%E6%A5%AD%E5%88%A5%E7%B5%84%E5%90%88-70554　二〇二三年二月二三日参照）。

（28） 大阪地判令二・一〇・八の「使用者」概念の独自性と不明確性を指摘するのは、榊原嘉明「産業別・職業別労働組合による統一的な団体行動と刑事免責―連帯ユニオン関西生コン支部（刑事・大阪二次）事件・大阪地裁判決（令二・一〇・八）」労働法律旬報一九七七号（二〇二一年）三四頁。

【編著者紹介】

連帯ユニオン・小谷野毅（こやの・たけし）　全日本建設運輸連帯労働組合書記長

吉田美喜夫（よしだ・みきお）　立命館大学名誉教授。
著書に『タイ労働法研究序説』（晃洋書房）、『労働法Ⅰ』『労働法Ⅱ』（共著、法律文化社）、『人の国際移動と現代日本の法』（共著、日本評論社）など。

古川陽二（ふるかわ・ようじ）　大東文化大学名誉教授。
著書に『建設産業の労働条件と労働協約』（共著、旬報社）、『レクチャー労働法』（成文堂）など。

榊原嘉明（さかきばら・よしあき）　名古屋経済大学教授。
著書に『現代ドイツ労働法令集』（共著、労働政策研究・研修機構）、『アクチュアル労働法』（共著、法律文化社）など。

松宮孝明（まつみや・たかあき）　立命館大学特任教授。
著書に『刑法総論講義』『刑法各論講義』『刑事立法と犯罪体系』『刑事過失論の研究』（いずれも成文堂）など。

検証・関西生コン事件②

産業別労組の団体行動の正当性

大阪スト事件控訴審判決と加茂生コン事件逆転無罪判決を検証する

二〇二三年六月一〇日　初版第一刷発行

編者……………………連帯ユニオン（小谷野毅）
著者……………………古川陽二・榊原嘉明・吉田美喜夫・松宮孝明
装丁……………………佐藤篤志
発行者…………………木内洋育
発行所…………………株式会社　旬報社
〒一六二-〇〇四一　東京都新宿区早稲田鶴巻町五四四
TEL 03-5579-8973　FAX 03-5579-8975
ホームページ http://www.junposha.com/

印刷・製本……………中央精版印刷株式会社

ISBN978-4-8451-1829-8

主な目次

六年目の転機、無罪判決二件が確定

——刊行にあたって

序 労使関係像の転換と労働法理

9784845118298

1920036010004

ISBN97

C0036

定価＝（

第I部 [illegible]

第II部 加茂生コン事件